天下英雄谁敌手

——带你领教真正的武林大侠

张 宁 著

中央广播电视大学出版社

北 京

图书在版编目（CIP）数据

天下英雄谁敌手——带你领教真正的武林大侠/张宁著.
—北京：中央广播电视大学出版社，2014. 11

ISBN 978 - 7 - 304 - 06585 - 0

Ⅰ.①天… Ⅱ.①张… Ⅲ.①武术—基本知识—中国
Ⅳ.①G852

中国版本图书馆 CIP 数据核字（2014）第 129569 号

天下英雄谁敌手
——带你领教真正的武林大侠
Tianxia Yingxiong Shui Dishou

张 宁 著

出版·发行：中央广播电视大学出版社
电话：营销中心 010 - 66490011　总编室 010 - 68182524
网址：http://www.crtvup.com.cn
地址：北京市海淀区西四环中路45号
邮编：100039
经销：新华书店北京发行所

策划统筹：郑　毅　　　　　　**责任编辑**：孙　勃　李　刚
策划编辑：许　进　　　　　　**责任校对**：张　娜
责任印制：赵连生

印刷：北京密云胶印厂
版本：2015 年 1 月第 1 版　　　2015 年 1 月第 1 次印刷
开本：127mm×196mm　　　　　**印张**：10.875 字数：151 千字

书号：ISBN 978 - 7 - 304 - 06585 - 0
定价：25.00 元

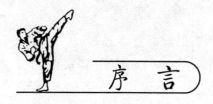

序　言

天下英雄谁敌手

赵客缦胡缨，吴钩霜雪明。银鞍照白马，飒沓如流星。

十步杀一人，千里不留行。事了拂衣去，深藏身与名……

——李白《侠客行》

无须怀疑，每个中国人的心里都藏着一个武侠梦，几乎每个男孩在少年时总把自己想象成纵横江湖的大侠。的确，如果能活在小说的世界里，做一个大侠是再好不过的事情了：不用操心住房、户口和子女教育问题，可以随时入住全国最大的连锁酒店——悦来客栈，除暴安良、行侠仗义的举动能引来江湖后辈的崇拜，虽然没有固定的收入来源但走到哪儿都有银子吃饭，更为重要的是江湖上的女子们个个都豪气干云，明知道你是没房、没车、没固定工作的"三无"青年，还是会死心塌地地跟着你……

可惜，上面的所有假设都要加上一个"如果"。快意恩仇、笑傲江湖的生活终归只能是小说家的想象。即使在现在，没有稳定的工作在找女朋友的时候处处被鄙视，很难买房子、娶老婆，更不要说 SOHO 一族尚未出现的古代了，所以，那些大侠们的真实生活其实是有些单调和乏味的。如果我们所知道的那些耳熟能详的大侠们都不会武术，那么张三丰就是个普通的道士，霍元甲就是个码头的搬运工人，黄飞鸿就是广州街头的一个药店掌柜，神拳李洛能是山西乡下的菜农，八卦宗师董海川是王府的厨子兼杂役——而且还是个太监，至于叶问嘛——他应该是佛山警察局里一个尽忠职守的警察，平日的主要工作是调解居民纠纷、帮老太太抓猫以及街头反扒。

那么什么又是江湖呢？对于"江湖"这个词的来源，有的学者给出了这样的解释：在陆路交通不甚发达的古代，水路是很多行人和商旅外出经商和游历的首要选择，相对于陆地而言，行船的江河和湖泊是另一个独立的世界，那里是政治权力的边缘地带，人们可以依照自己的方式和规则去生活，因而江湖也就成了一种代称。作为一个非常中国化的词语，江湖的概念是非常丰富的，它包含着一系列的规则、文化，大侠们如果不遵守这些规矩，同样会死得很难看。至于大侠们究竟要遵守什么样的规矩，这本书里会有很详细的介绍。

其实，与大多数人的想象不同，在古代要做一个真正的大侠是很麻烦的事情。因为自古以来"儒以文乱法，侠以武犯禁"，在冷兵器时代，功夫才是最强大的战斗力，精通武术的大侠们自然是被重点监控的对象。加之练武的大侠们大多出身贫寒、低下，往往空有一身功夫却只能授徒教拳、沿街卖艺。所以，真正的大侠们生活在江湖和朝廷的夹缝之中，大多数时候并不如意。

可以说，江湖没有奇迹，也不相信眼泪，它是山寨版的朝廷，是一个并不完全由功夫和拳头主宰的世界。

江湖险恶，诚非虚言。

人在江湖，身不由己，也非妄语。

虽然江湖是险恶的，大侠也没有那么风光，不过在历史上，还是有一大批人进入这个世界。他们的故事虽然没有那么传奇，却也有着别样的精彩。

如果你已经知道了江湖有多么难混，却依然还是执着地想成为一个大侠，那么这本书就是你了解武术和大侠的最好途径。

如果你想知道武当和少林的渊源，想知道杨露禅跟董海川谁的武功更高，想知道霍元甲究竟有没有打败过大力士，想知道飞檐走壁的轻功如何练成，想知道黄飞鸿无影脚的全部秘密，想知道洪熙官的身份之谜……

那么，请打开这本书——嘘，一般人我可不告诉他……

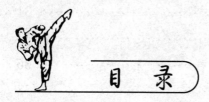

目　录

第一章

功　法

　　在江湖上行走，会一点功夫是必须的。小说里的大侠们总会在机缘巧合之下遇到一些前辈高人，一夜之间就成为了武林高手。可惜在现实中，大侠们的功夫却是要一点一点地练习，在艰辛的"大侠突击"之路上跋涉。要想成为一个大侠，至少要经过短则三五年，长则十多年的练习。练习武术的第一步就是练习功夫——实际上在中国的武术话语系统里，武术和功夫并不是一个概念。武术是拳法、兵器、暗器等门类的总称，而功夫则是练习武术的基础，所以武林中有句俗话叫作"练拳不练功，到老一场空"。那么，飞檐走壁的轻功是真实存在的吗？点穴功夫真的能让人定身不

动吗？内功练到极致又能否令头上冒烟呢？

如果你有兴趣了解这些，那么这一章的内容就是你不容错过的。

1. 内功

内功大概是世界武术中最神秘的功法。在武侠小说中，内功是一切功夫的根基，有了它再去练其他功夫可以事半功倍。像《天龙八部》里的游坦之、段誉、虚竹等武功平平的人，一旦有了内功，便立刻成为了举世难敌的高手。现实中，中国武术中也是有内功的，而且内功对于武术的练习也是非常重要的。例如在太极拳的练习中，如果练习了太极拳内功，可以很容易的打败对手，而如果未得到这个真传，则只能练就一身看起来优美的健身舞。因此，在传统武术中，能否修得内功是判断是否得到真传的重要标准。

中国武术有内家拳与外家拳之分，二者练习内功的用途也不尽相同。以外家拳派的代表少林武术而言，武僧们练习内功的目的是为了提高身体素质，将丹田之气运送到全身，让肌肉坚实而紧绷，在增强肌肉力量的同时也提高了自身抗击打的能力。内家拳，例如太极拳，则以内功调整身体呼吸的节奏，让肌肉变得柔软而灵活，能够快速地从任意角度法力击打对手，同时还可以让拳脚具有强大的穿透力，许多内家拳高手年逾古稀仍能轻松将对手击伤乃至打飞的秘密也正在于此。

中国武术内功的练习讲究运气，无论是硬功还是软功，都需要内功的配合。内功的雏形是用来健身的气功，而中国人练习气功有着悠久的历史。气功，在先秦时期被称为导引之术，它是以模仿鸟兽的各种动作来舒展筋骨，促进血液的流通。在 2 000 多年前的马王堆汉墓中就出土了绘在帛上的《导引图》，生动地画出了秦汉时期的人练习导引术的场景。东汉时期华佗创编的五禽戏是一种广受欢迎的健身体操，同时也兼具导引术的功能。此后还出现了另外一种有名的导引术——八段锦。

在后来的一千余年中，单以内功而论，影响力最大的恐怕就是来源于少林寺的《易筋经》。《易筋经》据传是达摩祖师在面壁时，因为长期打坐使得身体的血液缺乏流通，经常感觉身体疲乏，便学习山中鸟兽的动作来舒筋

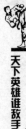

活血，同时也从其中学习到了一些技击对敌的技巧。当然，现实中的《易筋经》没有小说中描写得那么神奇，但如果能坚持练习，却能使内气流通，肌肉坚实，具备开碑裂石的能力。历代少林寺的武僧们有不少把《易筋经》作为内功练习的入门，从而成为了一代高手。多年以前，少林寺将一些功法对外公开，其中就包括《易筋经》，有兴趣的人可以去查询一下，体验一把做高手的感觉。

除了活动四肢，练习内功的方式之一是打坐。打坐的目的不是为了增强肌肉的力量，也不是为了提高技击的技巧，而是通过静坐和冥想的方式排除心中的杂念，调整身体内部的呼吸节奏，其原理与当下流行的健身方式瑜伽是一模一样的。经过一段时间的打坐练习，可以提高技击时的注意力和判断力，能够更好地运用自己的技巧，这对于武术练习者也是不无裨益的。

2. 轻功

轻功是中国武功里最吸引人的功夫。当年中国的武侠电影风靡世界的时候，国外观众看着中国的大侠们在竹林与房屋之间飞来飘去，往往对轻功这种功夫信以为真，以为中国人掌握了克服地球引力的秘密。当然，这不可能是真的，但轻功在中国武术中的确是存在的，一些在小说中描写过的功夫也有着现实的原型。

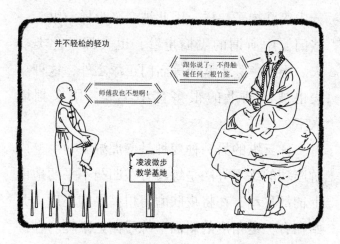

与大多数人的想象不同，轻功在中国的武术中并不是什么很神秘的功夫，几乎所有的门派都有轻功的功法。中国的传统武术讲究手眼身法步的配合，而练习轻功便是为了使身体轻盈，在对战中更为灵活，从而击败对手。由于地域的不同，练习轻功的方法也不一而足，可谓各有千秋。

在金庸的《倚天屠龙记》里，武当派的

轻功绝技是"梯云纵"——武当武术中的确有这种功法。现实中的梯云纵是练习者借助奔跑的力量冲上墙壁，看准墙壁上的凹凸点，然后发力攀登。整个过程一气呵成，看起来似乎是练习者直接蹬着墙壁就攀上了房屋，像是在云中蹬踩梯子一样，因此被命名为梯云纵。一些门派中所谓的飞檐走壁，也大都是此类功夫。不过，除了武当等名门正派之外，这种功夫也被江湖上的很多宵小学去，用来翻墙入室。

梯云纵的另一种变种是壁虎游墙功。壁虎游墙功的练习方法是练习者在凹凸不平的地面上匍匐移动，在将皮肤磨得粗糙厚实之后，开始在有一定角度的斜面上练习向上攀爬。在练习的过程中不断加大斜面的角度，直至接近直角。这种功夫在古代一般被用来攀爬城墙，用以打探情报或者杀死敌军。

轻功中最为常见的功夫还是奔跑类的轻功。这种功夫的练习方法也已经是众所周知，即在双腿绑上沙袋——有些人为了加大练习强度，也会穿上装满铁砂的背心，或者在手臂上也绑上沙袋——然后奔跑，等到卸下沙袋之后，自然是身轻如燕，奔跑的速度远远超过常人。当然，在实战中，一味的逃跑肯定是不行的，轻功也要讲求实战。少林武功中有一种功法是在地上布满铁钉或者削尖的竹签，练习者要在最快的时间内通过，且不能触碰铁钉或者竹签。经过长时间的练习，即使在山地或者人非常多的环境中，也可以轻松打败对手——说到这里，或许你已经想到了段誉的凌波微步。

除此之外，还有一些为某些门派所独有的练习方法。如梁山子午门在地下挖坑，然后从坑中纵跃而出。每隔一段时间便向下挖深一寸，久而久之便可以练出强大的弹跳能力，飞檐走壁如履平地。自然门练习轻功也非常奇特，他们是在水缸上练习，练习者沿着注满水的水缸边沿快速的行走，此后逐步减去水，直至水缸变空。练习到这一步，就可以到竹筐上练习，起初在竹筐中放满砖块，然后不断减去砖块的数量。据说，自然门的高手，如杜心武等都可以在空的竹筐上行走，这可以说是达到轻功的极致了。

3. 桩功

桩功与内功一样，都是中国武术的基础，也是中国武术的最大特色。练习桩功的目的，首先是为了让练习者能有一个强健的体格，其次是有一个稳固的下盘，在实战中不会轻易被对方所击倒，从而陷入被动。桩功的练习方法，在不同的门派有所区别，其中以马步最为常见。

马步，因其站桩姿势酷似骑马而得名。根据中国武术的理论，这个姿势能够快速有效地增大下肢的力量，同时调整内气，强身健体。在中国的武术门派中，最为重视马步练习的应该是少林派。少林弟子们，一开始就要扎马步，最初一般是 5~10 分钟，随着练习时间的增长，单次站桩的时间也会增长。在少林寺的记载中，站桩最长的武师可以站到两三个小时而不移动。某些练习者为了提高练习的难度，也会在扎马步的过程中在双腿上放上数十斤乃至数百斤重的石条。经过这样的魔鬼式训练，许多少林僧人练就了可怕的下肢力量，跺地碎砖、蹬墙墙倒是很轻松的事情。除了马步之外，有些门派也会将箭步、丁字步等作为站桩的步法。如果是练习器械，如枪，则要站练枪所用的桩，在此就不一一详述了。

在内功部分的介绍中，已经提到了中国武术的内家拳与外家拳之别。这二者在桩功上，也是有所区别的。马步主要是为了让身体的经脉畅通，让下肢的肌肉坚实，抗击打能力增强，内家拳的桩功则以松和柔为主要原则。依据功法的不同，各门派的桩式和功法也有所区别，其中较有特点的是形意拳的三体式和咏春拳的羊马步——咏春拳称之为"二字钳羊马"，这两种步法会在之后的章节中讲到。此外，对于桩功最为重视的武术应该是王芗斋所创立的大成拳。大成拳没有具体的套路和招式，完全以内功的训练为主，依据每个人的特点来练习技击技巧。修习大成拳的第一道功法就是桩功，通常要经过数年的练习才能登堂入室。

从现代武术科学的角度来说，桩功对于腿部肌肉的练习效果并不比负重起跳等更为高效。实际上，传统的武师之所以非常重视桩功的练习，还有一个重要的因素——借此考察徒弟的诚意和耐心。很多学生在拜师后的头几年，练习内容非常枯燥，就是不停地扎马步。有时徒弟早就达到了练习武术的要求，但师父依然会让他继续扎马步，以此树立自己的权威。这是中国传统武术中的陈规陋习，是需要废除的。

4. 气力

中国武术中有一句话叫作"练拳不练功，到老一场空"，这里所说的"功"指的就是气力的练习。所谓的气力，用今天的话来说，大概相当于力量练习。显然，气力的大小对于技击而言非常重要，尤其是在骑兵作战中，将领们的兵器通常有数十斤重，若是没有足够的力气恐怕很难挥舞起来。近代的很多武术家，例如李小龙也非常重视力量练习，练出了极强的爆发力，这也是他能够击败体重超过他的对手的原因所在。

中国古代是没有沙袋、梨形靶之类的练习器具的，练习者们经常使用的是石锁，如果没有石锁，木头、水缸甚至石块、土袋都可以拿来用——在这件事上，中国练习者的创造潜力是无限的。中国的武术家里有许多是以力气大而闻名的，例如晚清著名的武术家王子平，力大无穷，可轻易打飞对手，当时人称"千斤神力王"。

古人之所以如此重视力量练习，除了武术本身的要求之外，也是当时的"考试大纲"所要求的。今天的人们常说高考是教学的指挥棒，古代也是如此。众所周知，中国古代的考试除了文举，还有武举。武举考试并不像古典小说里描写的那样，让一群考试者相互比武，胜者便是武状元——那样的话，恐怕每一次考试都要血流成河了。事实上，古代的武举考试相对还是比较简单的，主要包括骑马、射箭、

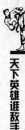

举重和策论，举重所用的器具就是石锁。受此影响，民间也开始使用石锁进行练习。

下肢的力量也是非常重要的。除了马步之外，进行负重奔跑或者跳跃也是比较常见的练习方法。而对真正的武术家而言，下肢的练习恐怕比上肢还要重要，所谓"手是两扇门，全凭腿打人"、"三分看手，七分看腿"等说的都是这方面的内容。据说天津的迷踪拳大师张殿奎马步扎得很稳，一次路遇一头大黄牛，忽然兴起，扳住牛角与黄牛较力，最终未能让黄牛前进一步。当他准备离开时，旁边围观的人发现他的布鞋已经被撕裂，足见其双腿的力气之大。

某些门派中，会有一些功法是与气力一起练习的。例如少林"七十二绝技"中，有一门功夫叫做"铜叶手"，练习方法非常简单，是在房中吊起沙袋，中间灌以铁砂，铁砂中还要放置一些碎铁片或者其他比较尖利的东西。起初，铁砂的重量大约在三四十斤，练习者用手搓、磨、击、荡沙袋，练习气力，同时也把皮肤变得厚实。之后不断加大重量至三四百斤仍然能轻松荡开的时候，双手就有了可怕的杀伤力。据记载，少林寺有位和尚精于此技，有高手上门找他挑战，和尚以隐忍为上始终没有答应。但这位高手步步紧逼，无奈之下，和尚对着围墙打了一掌，结果直接把墙壁击穿，打出了一个大洞。这位高手面对如此骇人的功夫，灰溜溜地离开了少林寺。因为这种功法威力极大，所以少林寺一般会建议练习者以左手练习，以免误伤。

与此类似，少林"七十二绝技"中还有一门练习腿部气力的功夫，叫做"铁扫帚"。这个功夫的练法是在地上埋一木桩，然后以腿扫之，将木桩扫断之后，换上更粗的木桩。如此练习，三五年之后，腿部功夫便得大成，在实战中可以轻松将对手的双腿踢断，若是击中对方的小腹或者胸口则有可能让对方立刻丧命，这也是少林寺的看家功夫之一。

5. 单操

屏幕上的大侠们练着令人眼花缭乱的功夫，每个招式也有着十分好听的名字，这成就了中国武术的完美形象，也让很多圈外人对中国武术充满了向往。不过，理想丰满，现实却往往骨感，传统武术中有一句话，叫做"丑功夫，俊把式"。这句话的意思是，真正打人的功夫练起来不是很好看。所以，古代的武术大师们练习的武术远没有现在的人想象的漂亮。即使在今天看来动静结合、刚柔并济、行云流水的太极拳，在最初也不过是脱胎于长拳的一种技击拳法，不但姿势不太好看，练习起来难度也比较大。直到晚清年间，一代宗师杨露禅为了让此拳适应王公贵族们练习，才不得已以减弱技击性为代价改良了太极拳——若是以今天的杨氏太极拳去跟杨露禅挑战，恐怕会败得相当惨。

那么，大侠们主要练习的是什么呢？就像拳击的学习者需要先将直拳、钩拳、摆拳先练好，然后再练习组合拳一样。实际上，大侠们练习的是一个个的动作组合，这种动作组合被称为单操。单操的价值便在于让练习者快速地掌握一门武术的发力方式、技击特点，从而进入状态。

从技术的角度看，大多数武术招式其实没有太高的技术难度。许多大侠能够将这些看似简单的招式组合成纵横天下的杀招，关键便是一次次的练习，甚至已经将这些招式化成了本能。例如，形意拳有五个最为基本的拳法：劈拳、崩拳、钻拳、横拳、炮锤，每个招式都非常简单，即使外行也可以轻松学会，但是很多练习者会每天将一个招式演练数千甚至上万遍，其出手的速度、力量和准确度远非外行可比。所谓的套路，是练习者在学习到一定的阶段之后，将一些单操的动作组合起来练习的方式。当下很多的武术教师一开始就让学生练习套路，这是明显的本末倒置，只能让学生学到一些华而不实的架子。

单操对于练习者的意义还有很多。许多练习者在练习单操的过程中，会逐步发现自己适合练习的功夫和发力方式，减少那些自己不习惯的练法，从而练出了自己克敌制胜的绝招，例如黄飞鸿的"无影脚"、郭云深的"崩拳"、李书文的"猛虎硬爬山"等都是这么练出来的。另一方面，有很多练习者指责中国武术经不起实战，这其实是极大地误会——真正的武术家是极其重视实战的，会传授给弟子很多相关的技巧，也会让徒弟们相互比武，这也是单操的一种形式。关于这些，在以后有关各门派武术的介绍中都会提到。

6. 排打

大侠在成为大侠之前都是菜鸟，菜鸟就免不了挨打，所谓"未学打人先挨打"实在是至理名言。因此，大侠们除了练就一身打人的功夫之外，将自己的身体变得坚实也是非常重要的。中国武术中有关此类的功夫很多，一些走街串巷的功夫表演团也会表演些胸口碎大石之类的硬气功，但这些在实战中的用处不是很大，毕竟大侠们不会傻到站在原地运气让对手打。所以，排打功夫的练习是非常必要的。所谓的排打，就是用一些木棒、砖块等在身上拍打、摩擦，以增强身体的抗击打能力。

在排打功夫中，影响力最大的应该是"金钟罩铁布衫"。这项武功的大名在武林中流传已久，传说练习过这种功夫的人不但可以抵抗拳脚，甚至可以做到刀枪不入。这其中有相当大的虚构成分，不过"金钟罩铁布衫"功夫却是真实存在的。与之前所说的"铜叶手"、"铁扫帚"一样，"金钟罩铁布衫"也属于"七十二绝技"的一项，其练习方式也颇为艰苦。练习者首先要练习少林气功，然后一边运气一边用木棒、竹子等拍打自己的身体，逐步加重力道，直到能够抵抗拳脚和棍棒的打击。若想练到更深的地步，则要趴在粗砂铺成的地面上，摩擦身体，让身体的皮肤变得坚硬。在此基础上，练习者要用布将自己的身体紧紧地裹起来，然后用自己全身的力量挣破它，在挣破的过程中，全身的肌肉密度会增大，甚至能够抵御刀剑的攻击。

其他门派的练习方法与此大同小异。在传统的武术家看来，排打功夫属于外家功夫的代表。虽然如此，真正的内家拳也会通过一些方式锻炼自己的抗击打能力。需要说明的是，排打功夫看似神奇，却仍然是可以用科学原理来解释的，那就是通过适应性的击打训练，个人抗击打的阈值也会提高。至于刀枪不入，不过是较高的肌肉密度加一定的技巧而已。古代武术中有句话这么描述排打功夫：刀砍得，剑拖不得；枪刺得，针扎不得。这就是说，排打功夫可以抵御刀砍，但无法抵御剑的切削，可以抵御枪的刺击，却抵挡不了针扎。有关这一点，用物理学里的压强理论可以很容易地解释。

排打功夫虽然能抵御刀枪，但在真正的高手面前，防护能力约等于零。对此，峨眉派的武术泰斗彭元植做过一个比喻。他把峨眉派的"铁菩提"功比喻为铁柜子，把人体的内脏比喻成碗，说："练成了铁菩提功，就好比用铁柜子装碗。一般的人打来，碗仗着铁柜子的保护，不会有什么损伤。但若是碰上真正的高手，虽然还是打不烂铁柜子，但却足以把里面的碗震碎"。也正是出于这种考虑，内家拳的高手们几乎不怎么练习排打功夫。

7. 点穴

容易受伤的剑指点穴

　　在中国武术里，比轻功和内功更加神奇的，恐怕应该是点穴了。传说点穴高手可以通过点穴让人不能动弹——这当然是虚构的。在中国的武术中，的确存在着点穴的功夫，只不过远没有小说中描写得那么神奇。点穴的基本原理是通过击打人体中某些经络、血管、神经比较集中的地方，令对手感觉到疼痛或者使某些器官失去工作能力，从而战胜对手。

　　点穴是武术中高层次的功夫，对于练习者有多方面的要求：第一，练习者要有一定的医学基础，也就是认穴要准，一击必中，否则会给对手留下反击的机会；第二，练习者要有灵活迅速的步法和身法，这样才能制敌而不为敌所制；第三，练习者的手指、肘尖等部位要有比较强的击打能力，以确保对对手造成足够的杀伤力。

　　点穴，在武术中的标准叫法应该是打穴。打穴所用的工具多种多样，例如拐、短棍、判官笔以及某些细长、有尖的兵器都可以用来打穴。当然，用手指打穴是最常见的。武侠小说中常见的点穴方式是用剑指点穴，但在实际的比武中，这却是最不常用的方式——这样容易造成手指骨折。一般来说，点穴常用的方式有：一、将五指屈起，然后用中指的骨节打穴；二、握拳后将大拇指紧贴食指，用大拇指的指尖打穴；三、大拇指按在小拇指上，露出中间的三个手指打穴，这种指法被叫做三阴指；四、在与敌近距离接触时用肘尖击打对方的太阳穴、人中穴、天突穴、膻中穴、中脘穴等穴位，由于手肘的力量大，且攻击非常迅速，常常可以出其不意地打击对手。

与之前的功法一样，打穴也是需要练习的。首先，要认准穴位。一些武侠小说中描写说人体有 108 个重要的穴道，称为大穴。其中36 大穴，击中之后可以让对手立即死亡，还有 72 小穴，击中后可以让对手伤残。这当然是武侠小说的夸张，而且在实战中也很难认清每一个穴位，基本上经常击打的穴位是人的小腿、胸口、面部的某些穴位。其次，是对手指的练习，通常是用插铁砂的方式增强手指的力量和硬度，以求能够一招制敌。

当然，对于大侠们来说，学习点穴也并不完全是因为制敌。中国传统的武术强调武医不分家——这也是可以理解的，当时的大侠们行走江湖是没有医保的，合作医疗更是闻所未闻，况且大侠们出门在外，许多地方是没有药铺和医馆的，万一生了病就只能靠自己，所以学点针灸按摩、认识些普通的伤病草药是必须的。

第二章

器　械

　　如果你去翻翻武侠小说，就会明白兵器对于一个大侠有着多么重要的意义。且不说倚天剑、屠龙刀这样号称"号令天下，莫敢不从"的神兵利器，就算是一个普通的大侠手里总也会有几件趁手的兵刃，而他们的名号也往往来源于此。中国人一提兵器，肯定会脱口而出十八般兵器——刀、枪、剑、戟，斧、钺、钩、叉，镗、棍、槊、棒，鞭、锏、锤、抓等。不过，如果你留意一下的话，会发现这十八般兵器大都是长柄兵器。如果你走在大街上，看到一个人扛着一把青龙偃月刀，恐怕你不会认为他是一个大侠，而是一个跑江湖卖艺的。

　　那么什么样的兵器才能入得大侠们的法眼

呢？事实上，大侠们在兵器上的创意是无比天才的，单是刀枪剑戟这样的常规兵器，就有无数的形制。至于那些奇门兵刃，就更是五花八门，而且每一种都属于全球限量的 VIP 定制款，保证你看到兵器就能想到大侠的名字。那么这些兵器有哪些呢？大侠们又各自进行了怎样的发明创造呢？

第一节　兵器谱

1. 常规兵器

1.1　剑

剑是最为古老的兵器之一，早在商周时期便出现了青铜做的短剑。不过由于青铜的硬度不是很高，青铜做的剑长度也不会很长——在湖北出土的越王勾践剑，由当时越国技艺最高超的铸剑师所锻造，其长度也不过 55 厘米。显然，这样的剑很难用于战场的格斗，反而更适合刺客们的暗杀。先秦时期的著名刺客，例如专诸、聂政、荆轲等，行刺时所使用的兵器都是短剑或者匕首。从现在出土的文物来看，

当时只有秦国能够铸造出长度超过 80 厘米的青铜长剑。也正是依靠着这样的优势，秦王嬴政才能以长制短，一招就刺中了荆轲。

冶铁技术逐渐成熟之后，铸剑技术也有了很大的发展。西汉时期的人喜欢用长剑，当时的剑长度都在一米甚至一米以上，拿在手中气势非凡，时人称之为斩马剑。剑在汉朝是一种流行的装饰品，上至王公贵族，下至富商儒生，都会佩带长剑以显示身份。加之西汉时期与匈奴屡次作战，刀剑的铸造技术也在不断提高，汉剑由此也成为中国古代最为著名的兵器之一。

随着远距离作战武器的发展，剑逐渐退出了战场，而成为装饰品以及江湖门派间的练功器械。中国的武术中，剑一直有着崇高的地位，被尊为百兵之君。剑能够获得这样的地位，有着多方面的原因：一来，剑的形状平直中正，符合儒家所说的君子之德；其次，无论是青铜剑还是钢铁剑，一般都是王公贵族和儒生富商所有，本身就象征着品位与财富，在唐代等尚武风气较重的时代，佩剑俨然成为一种风尚。后来的小说中常常提到的"尚方宝剑"

虽是虚构，却也从一个侧面证明了剑在中国人心目中的地位。

明清时期，中国武术出现了繁荣的局面，剑以及剑的套路也大量出现。这一时期较为著名的剑法有武当的太极剑、八卦拳派的八卦剑等。不过，需要说明的是，在十八般兵器中，剑的技术难度是最高的，因为剑虽然两面开刃，但它比刀薄，比枪短，两侧的剑刃也很容易在格斗中受损，它主要的攻击方式就是刺，这就要求有极高的精准度。此外，剑的重量较轻，如果与刀、枪、棍、鞭等兵器对战时，不能直接去格挡对方，否则很容易将剑打断，这也要求练习者身法灵活，判断准确，而这些都是要通过长时间的练习才能获得的。古语有云"月刀年枪一辈子剑"，正是对剑术练习的最好概括。

1.2 刀

刀大概是金属兵器中普及度最高的。刀受到大侠们的欢迎是非常正常的。首先，刀的分量较为合适，拿在手里十分的趁手；其次，刀的攻击方式以劈砍为主，对于技术的要求较低，只要有些力气，加以练习就可以与人作战；第三，刀的保养也比较简单，不需要经常擦拭，变钝的时候找块石头一磨就可以继续使用了，性价比很高。正因如此，刀被大量用于战争，它是中国古代军队主要的制式兵器。

不过，在汉朝以前的战争中，双方作战是以大规模的方阵兵团作战为主，刀被派上用场的机会不大。及至汉代，在与匈奴的作战中，汉朝军队装备了环首刀。环首刀是一种极为简单的刀，刀身平直狭长，长度在一米左右，没有护手，刀柄末端是一个圆环，所以被称为环首刀。这种刀的长度远远超过当时匈奴人的马刀，在双方对阵中为汉军赢得了优势。从此之后，刀成为了骑兵的主要装备，即使在已经进入热兵器时代的 20 世纪，不少国家的骑兵部队依然为士兵配备了马刀。

刀在古代的普及，与古代武术的发展方式有着密不可分的关系。在古代，经常有习练武术的人参军入伍，对于他们来说，练习刀术可以尽快地融入部队，也可以较快地获得提升；另一方面，有一些解甲归田的将领和士兵在自己的家乡传授武术，他们传授的首选自然是他们所熟悉的刀术。因此，中国的武术中有大量的刀术套路，某些刀术动作也融进了拳术之中——例如太极拳的"揽雀尾"，实际上就是模仿盾牌兵用盾牌格挡对方兵器，然后挥刀反击的动作而来。

刀的一般形制是上窄下宽，刀背较厚，长度通常在二三尺之间。江湖中人在练习时，通常还会在刀柄末端系上彩色的绦带，被称为刀彩。刀彩最初是用来在练习时擦拭刀上的汗水和灰尘所用，在格斗中也可以擦拭刀柄上的血迹，以免手打滑而脱落。当然，在历史中也有一些刀的形制与此有所区别，但同样被称为刀。例如，唐朝时期最为著名的刀有唐刀和陌刀。唐刀是贵族和江湖人士装饰、格斗所用，刀身平直，单侧开刃，装饰华美，造价高昂，普通百姓是买不起的。当年的日本遣唐使们也很喜欢这种刀，以能带一把唐刀归国为荣。唐刀在日本被仿制和改造，也就是今天著名的日本武士刀。陌刀主要是用来装备军队的长柄战刀，主要是步兵攻击骑兵时所用，刀身非常沉重，可以有效地杀伤对方的战马和士兵。此外，还有一种较为著名的刀叫做苗刀，这种刀

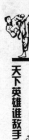

与日本的武士刀非常相似，但长度却远远超过武士刀，挥舞起来有着更大的杀伤力和杀伤面积，是劈挂门的独门兵器。

1.3 棍

棍大概是历史最为悠久的兵器了。早在远古时期，人类就学会用木棒去狩猎，与野兽搏斗。在格斗的过程中，人类发现一些动作是非常有效的，这就是早期的武术，而棍大概也就是最早的武器了。古代的生态保护非常好，要找到粗细合适的棍实在不是一件太难的事情，加之木棍的制作十分简单，也便于携带，不会遭到盘查，是行走江湖的不二选择。因此，古代的很多门派都有自己的棍法，例如南拳的五郎八卦棍，咏春拳的六点半棍，西北地区的风魔棍，少林寺的罗汉棍、镇山棍、五虎群羊棍等。

棍的技击技巧有很多，如扫、缠、打、劈、点、钻、挂、搅等，其中最为常用的是扫、劈、打，正所谓"棍扫一大片"。由于棍本身比较长，即使没有什么武术根基，也可以舞出相当大的气势。棍的攻击能力与棍本身的

兵器谱

少林棍

刀剑无情,
我佛慈悲。
但少林棍
的杀伤力,
绝不逊于
刀剑。

质量也有着一定的关系。中国武术中最好的棍
是白蜡木杆所做的棍。白蜡是一种多年生的植
物,它的木质紧密结实而又富有弹性,不易损
坏,是制作棍的最佳选择。但是白蜡的成材率
很低,所以真正作为兵器的木棍也是不便宜
的。除了白蜡木棍之外,一些大侠们还喜欢用
同样木质细密而结实的枣木棍,个别力量大的
则选择用铁棍。在格斗中,铁棍具有长度上的
优势,而且不必担心刃、尖损伤的问题,是一

种有优势的兵器。

棍的形制基本都是圆柱形，各门派之间几乎没有差别，唯一的不同在于棍棒的长度。一般来说，木棍的最佳长度是齐眉高，这样木棍的轻重比较合适，携带和实战都很方便。《水浒传》中，梁山好汉以及衙门的公人们常常携带的兵器是哨棒，这种哨棒其实就是一种齐眉棍。比齐眉棍再长一些的是长棍，长棍一般是练习时所用，能够较好的锻炼练习者各方面的技巧。比长棍再长一些的木棍是太极拳练习中所用的大杆。大杆以白蜡木制成，通常有一两丈长。练习者手执大杆，按照一定的套路抖动。由于大杆具有很强的弹性，所以其前端是不受控制的，练习者需要不断的感知大杆变化的细微方向，然后用自己的身体去控制它。

在中国武术中，棍法数量最多，最为出名的应该是少林派。这是因为少林寺以佛立派，认为刀剑之类的兵器很容易伤人，因此选择了没有刀刃的木棍。不过，千万不要以为棍的杀伤力就比刀剑差。实际上，经过循序渐进的练习，棍棒所产生的杀伤力一点不比刀剑差，而且棍的打击很容易造成内脏的损伤，破坏力也是非常大的。

实际上，棍还可以被改造成更为可怕的武器。有创意的武术家们想到了在木棍中灌上一段水银——当木棍被挥动起来的时候，水银因为离心力的作用汇聚到木棍顶端，会让木棍顶端的质量瞬间增大，破坏力也就更大。当然，水银保存起来不方便，有些人也想到了就地取材的办法。明朝嘉靖年间，一些少林僧人们前赴江浙抗倭。他们所携带的兵器只有木棍，为了更好地打击倭寇，他们用竹子制作出了类似的武器。具体的制作方法是选取铜钱粗细的竹子，锯成五尺左右，将竹节打穿，然后将铜钱放入其中，放满大约四分之一到三分之一即可。其原理与水银木棍相同，当用力挥舞竹棍时，铜钱会向外侧移动，从而使前端变重。依靠着这种秘密武器和少林武术，僧人们走遍江浙也未遇敌手。

1.4　枪

枪被称为百兵之王，在十八般兵器的排名里仅仅位于刀的后面，足见古人对它的重视。枪有如此的地位，与其技击特点不无关系。首先，枪融合了剑、刀和棍的优势，可刺、可削、可扫，而且长度也较长，在一寸长一寸强的冷兵器时代是十分有优势的；第二，枪的练习也比较简单，如果抛开那些眼花缭乱的套路不谈，枪的刺击一般都是走直线，即"枪挑一条线"，练习者只要掌握几个基本的姿势勤加练习，便能够练就不错的功夫；第三，枪的长度保证了在击中对手时，很容易给对手造成无法缝合的贯通伤和大出血，在医学不发达的古代，这足以让对手命丧黄泉；第四，一般枪杆是木制的，只有枪头才是金属的，在钢铁产量并不高的古代，这是十分节省成本的。

古代的枪分为两种：一种称为大枪，另外一种则是花枪。大枪是战场上的武将所用，其特点是既长且重，枪杆一般都是用枣木甚至钢铁制成，重量都在数十斤左右，可以在对阵中有效地杀伤敌人。古代将领的大枪中，最为著名的应该是岳飞所用的沥泉枪，依据现存的史料推测，岳飞的这杆枪长度应该在两米以上，粗细大约同茶杯相仿。虽然大枪一般是武将上阵杀敌所用，不过也有一些江湖门派会用大枪来练习武功，例如八极拳的六合大枪。用大枪练习武功，既能够增强气力，又可以提高刺击的准确度，当然练习的过程也就更加艰苦。

与大枪相比，花枪要显得娇小很多。花枪的枪杆大都采用白蜡木制成，也有些人会用榆、柳等树木制作，枪头长度约在数寸左右，整体的重量则在十斤以下。花枪一般是大侠们练功和行走江湖时所用。与战场不同，江湖门派的功夫讲究闪、展、腾、挪，因此轻便的花枪自然是练功的最佳选择。另外，跑江湖卖艺的人通常也会选择花枪。

1.5 鞭

鞭是一种由皮革或者粗绳制作成的兵器，以抽、卷、绕等为主要技击特点，既可以远距离的抽打敌人，也可以卷住对方的兵器，还可以攻击对方的小腿和脚踝令对手摔倒。除此之外，鞭作为一种软兵器是非常便于携带而且隐蔽的，这一点深受行走江湖的大侠们的欢迎。鞭虽然是软兵器，但在功力深厚的人手里，它的威力不逊于刀剑，一鞭下去皮开肉绽是很轻松的。个别心理阴暗的大侠还会在鞭上缠绕一些铁钉、铁丝、铁蒺藜等，以增大破坏力。

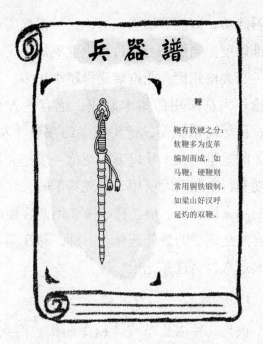

兵器谱

鞭

鞭有软硬之分：软鞭多为皮革编制而成，如马鞭；硬鞭则常用铜铁锻制，如梁山好汉呼延灼的双鞭。

鞭的长短并没有一个固定的尺寸，使用者可以根据自己的需要去单独制作，有的长鞭甚至能达到四五米长，舞动起来呼呼作响，皮鞭破空之声令人胆寒。鞭的柄一般较短，大约在一尺以内，因此鞭的甩动基本是靠手腕和小臂的力量，是非常讲究技巧的。不过，西北疯魔棍中有一套鞭的套路，他们所使用的鞭就是牧羊人所用的长鞭，木柄长度在三到五尺之间，其鞭法融合了鞭与棍的特点，刚柔并济，威力极大。

　　另外一种与此类似的是七节鞭或者九节鞭，一般用钢铁制成，其间以铁环连缀，同样非常便于携带。与皮鞭相比，七节鞭和九节鞭更重一些，某些大侠的九节鞭甚至有酒盅粗细——挥舞起来也更不好控制，对于技法的要求也就更高。北方武术中有不少关于九节鞭的技法，不过在实战中最为常用的还是扫击敌人的下盘。基本上，只要被扫中，轻则肿胀，重则骨折。比七节鞭和九节鞭更常见的是三节鞭，也就是三节棍。三节棍兼具了短棍与鞭的攻击技法，更是神鬼难测。尽管在武林中，三节棍的出镜率不是很高，但能选用这种兵器的必是高手无疑。

　　还有一种鞭是由生铁铸成的，形似铁棍，上有护手，《水浒传》中大名鼎鼎的"双鞭"呼延灼用的就是这种兵器。这种鞭的攻击技法与短棍基本一致，以扫、劈、打为主，在近身格斗中可以重创对手但又不会危及对方性命，是以和为贵的镖师们非常喜爱的兵器。另外，鞭在骑兵作战中还可以作为暗器使用，一般藏在马背上，具体用法是在双方兵器缠斗在一起时，趁对手不备抽出，然后击打其前胸或后背，会收到出其不意的效果。

1.6　匕首

武侠小说里，大侠们总有几件趁手的兵刃，或是刀或是剑，或者是奇门兵刃，总之在大街上招摇过市还是十分"拉风"的。可惜，那只能是想象。中国古代对于兵器的管制还是比较严格的，除去镖局等特殊职业外，一般的人携带兵器免不了要遭受衙门中人的盘查，况且对大侠们来说，行走江湖最重要的就是低调，扛着一把明晃晃的大刀上路，难保其他人不会前来比试一番。那么，最合适的兵器是什么呢？毫无疑问，最合适的兵器应该是匕首。匕首形制短小，可以藏在靴筒、袖子、衣襟或腰间，攻击也非常隐蔽，是大侠们行走江湖的不二选择。据说当年鲁迅先生在北平和上海生活期间，经常被当时的"公知"约架，为了防止走夜路的时候被黑，时常携带一把小匕首出门，由此足见匕首的受欢迎程度。

匕首的形状与剑相似，只是长度比剑更短，同样是两面开刃。剑的主要攻击方式是刺，只有在极其特殊的情况下才会用两侧的剑刃去攻击，而匕首一般用于近身格斗，所以要充分发挥每一部分的攻击优势，其尖、刃甚至柄都可以用来攻击敌人。一般情况下，匕首以反手持握为佳，这样能够充分运用手臂的力量且不易被敌人夺走。当然，匕首毕竟属于短兵器，大侠们随身携带的目的主要是以备不测，基本不会用来与敌人格斗，否则以匕首区区数寸的长度，是很难与刀枪棍棒争锋的。当然，武器并不是战斗力的唯一决定因素，人同样也起着非常重要的作用。在大侠们的手里，匕首的威力并不比刀剑弱。一把15厘米左右的匕首，从后背插入可以刺破肾脏，从胸、腹部插入可以刺破心脏、肝脏和脾脏，这已经足以杀死一个人。

今天的"驴友"出门在外，都喜欢携带一些多功能的军刀来搭帐篷、割绳索、破冰等。古代的大侠们行走江湖，也会遇到类似的困难，这时候一把匕首的作用就凸显出来了。这大概也是匕首广受欢迎的另外一个原因。

1.7 斧

说到作为兵器的斧，大多数人首先想到的应该是《水浒传》里李逵的板斧、急先锋索超的大斧或者《隋唐演义》中程咬金的宣花斧。这些斧都是大家伙，势大力沉，能用这种兵器的人不但力气大，性格恐怕不也会太好，譬如李逵，看谁不顺眼一斧削过去是很正常的事情。不过，这都是小说家语，不足为信——马上双手持握的长兵器，如青龙偃月刀、宣花斧之类的是宋代以后才出现的，程咬金自然不可能穿越时空，挥舞着宋朝的兵器去跟隋军作战。

斧是古代人日常生活的必需品，劈柴、剁骨什么的全要靠它。正因为如此，斧在武术中的出场率还是相当高的。日常劈柴的斧完全可以作为兵器，少林武术中有一个套路叫做少林宣花斧，便是少林寺的僧人们在日常劈柴中所总结出的功夫。斧基本不需要维护保养，只要有点力气，都能挥舞的虎虎生风，于是它也光荣地成为了街头混混们的制式装备。当年的旧上海，几乎所有的黑帮都以斧头作为兵器——

周星驰的《功夫》中的斧头帮便是以他们为原型。不过，大侠们显然是很少用斧的。

当然，历史上也出现过一些专门用于格斗的斧。这类斧的特点是斧柄较长，斧身较普通且斧子更为狭长，前端磨制得更为锋利。经过这样的改造，斧子的战斗力有了显著的提升：首先，它的重量较轻，使用起来更为灵活；其次，斧柄较长，在挥舞时，斧身部分可以获得更大的加速度，杀伤力也就更大；第三，斧身较为狭长，与斧柄呈 L 型，在格斗中可以钩住对方的兵器。

1.8 锤

唐宋以前，锤在兵器谱中的排名是十分靠后的，或者说，很少有人把锤当作兵器。这是不难理解的：锤耗费的钢铁较多，十分笨重，敌人很容易躲避，而且即使击中了对手，也不足以一招毙命。不过，到了宋元时期，这个局面就彻底改变了，当时的很多将领都以锤作为兵器。京剧中有许多出名为《八大锤》的戏，讲的是不同时期用锤作为兵器的将领上阵杀敌的故事。锤能够上位成为主要的兵刃，与铠甲

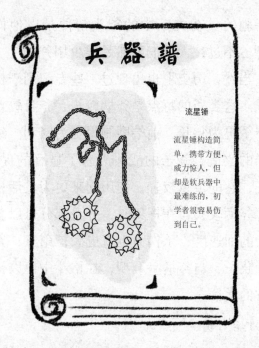

兵器谱

流星锤

流星锤构造简单，携带方便，威力惊人，但却是软兵器中最难练的，初学者很容易伤到自己。

铸造技术的提高密不可分。这一时期，钢铁铠甲逐渐取代了皮革铠甲成为军队、尤其是骑兵的主要防护装备，之前常用的马刀很难再对这样的铠甲产生威胁。不过，在实战中，一些人发现，锤、斧之类的兵器虽然不能穿透铠甲，但其冲击力却足以让对手丧失战斗力。

电视剧和戏剧舞台上的锤都是用纸或者塑料制作的，看起来还是很威武的。但可以想象一下，如果用铁做成那么大的锤，少说也有一两百斤，恐怕大侠们能不能拿动都是个未知数。实际上，真正的锤是比较小的，一般双锤十几斤重，锤的球体大小与铅球类似，锤柄也多以木为材料，这样较为轻便。

如果将锤的柄去掉，换成铁链，那么它就变成了流星锤。个别心理阴暗的人还会在锤头加上一些铁刺。在古代的武术中，流星锤一般是作为暗器使用，而且主要是骑兵所用。当与敌人距离较远时，可以将流星锤对准敌人或者敌人的坐骑投掷过去。流星锤本身的力量就已经很大，再加上对方的马奔跑时的冲击力，其产生的破坏力足以轻松击碎敌人的胸骨或者头骨。

2. 暗器

2.1 镖

镖是暗器的主要种类，其形制可谓五花八门，既有形似短剑的飞镖，也有形似短刀的飞刀，个别有创造力的大侠还研究出了三角形、四角形、六角形乃至八角形的飞镖，以确保无论以何种角度掷出都能击中对手。镖是开刃的，其杀伤力来自投掷所产生的动能。不过，

暗器谱

只要有钱捡，我痛并快乐着……

金钱镖

金钱镖简单易得，携带方便，便于隐藏。但缺点也很明显：长期使用，十分费钱！

我用一个月的工资砸死你！

镖的大小毕竟有限，除非击中要害，否则也只能造成轻伤，因此某些人会在镖上涂毒——当然，大侠们是不会这么做的。在中国古代，镖的出镜率远没有它在武侠小说中那么高：一方面，真正的比武过程其实非常简单，即使生死相搏，往往也会在数招之内分出胜负；另一方面，武术是一项注意力高度集中的运动，如果分心去投掷飞镖，难保不会被对手找出破绽。至于《书剑恩仇录》里"千臂如来"赵半山之类的暗器高手，也只能是武侠小说的想象了。

古代武林中使用最为广泛的其实不是飞刀、飞镖，而是金钱镖。所谓的金钱镖就是将铜钱或者银元磨出锋利的边缘，然后在对敌时出其不意的投掷出去。与其他飞镖相比，金钱镖有着很多优势：首先，金钱镖的制作非常简单，只需要将钱币简单的磨一下就可以使用；其次，金钱镖的形状是圆形，无论从任何角度掷出，都可以保证让镖刃击中对手；第三，金钱镖的外形就是普通的钱币，既便于携带也便于隐藏，不会引起其他人的注意。据当今的武林人士回忆，民国年间八卦门的某位武术名家精于金钱镖的技艺，能够将银元磨成的金钱镖掷入树中一寸，其功力可谓骇人。

2.2　铁蒺藜

如今有很多的不良修车人会在门前的路面上放一些钉子把过路者的车胎扎坏，然后修车挣钱。这个方法固然够缺德，不过却并非他们所独创。古代的大侠们在行走江湖时也经常使用类似的暗器，这种暗器就是铁蒺藜。

铁蒺藜是一种用钢铁做成的尖刺状的暗器，有些人为了节省成本，也会把几根铁钉穿过木球，总之只要能保证掷出时刺中敌人即可。铁蒺藜的刺一般有4根，每一根长数寸，因此会让敌人感觉非常疼痛。当然，铁蒺藜最重要的功能不是用来进攻，而是用来防守。大侠们在面对众多敌人或者对方的骑兵追击时，会在身边洒满铁蒺藜，这样就会延缓敌人的进攻时间，而铁蒺藜一旦刺入脚掌或者马蹄，也会给对方造成不小的杀伤。

在古代，除了大侠们之外，铁蒺藜也是军队必备的武器。军队所用的铁蒺藜中间都有孔，可以用绳子串成一串，方便携带和布置。在双方对阵而己方力量不足时，可以布置在军队的前方，迟滞对方的进攻；在安营扎寨时，也可以把它安放在军营的四周，防止敌人偷袭。宋代以后铁蒺藜的种类逐渐增多，如布设在水中的"铁菱角"，连缀于木板上的"地涩"，拦马用的"蹄"，在刺上涂敷毒药的"鬼箭"等。

2.3 乾坤圈

乾坤圈是一种扁平的圆环状的武器，内外两侧都开刃。在圈的下方有一个握手，可以握住它与敌人格斗。乾坤圈的练习非常麻烦，需要很多年的苦练才能达到精熟的地步。不过，乾坤圈最初却不是作为武器，而是作为暗器来使用的。

据各种资料记载，乾坤圈是蒙古人的独有发明。宋末元初的时候，蒙古人在作战的过程中发现，如果敌人离自己太远，长矛刺不到，用投枪的话，由于马背的颠簸，精准度也受到影响，因此蒙古人想到了用开刃的圆环来投掷敌人。乾坤圈一般都放在马背的一侧，待到接近敌人的时候便突然掷出。投掷的力量，加上战马奔跑的速度，基本上让敌人避无可避。

后来，一些汉族人开始尝试将乾坤圈作为武器使用，研习出了一系列的套路和练习方法。清康熙年间，有一位姓汤的军人被发配到乌鲁木齐，经常跟随当地的士兵去打猎。当地的士兵除了携带刀枪之外，也会携带乾坤圈作为武器，遇到猎物投掷出去，百发百中。这位姓汤的军人便跟随乌鲁木齐的士兵们学习了乾坤圈的技艺。及至后来，他回到中原，中原武林人士才知道乾坤圈这种利器。不过，从历史资料来看，很少有大侠把乾坤圈当作自己的独门兵器，一般还是会作为暗器使用。

2.4　袖箭

无论是飞镖、铁蒺藜还是乾坤圈、铁菩提之类的暗器，都需要靠手掷出。这说起来简单，但实际做起来恐怕还是很困难的。首先，真正的格斗是刻不容缓的，一时的迟疑很有可能招致对手的反击，往往你的暗器还没有拿出来，对方的刀剑就奔着你的要害来了；其次，如果你用的是单手兵器，那么要一边格斗一边发射暗器委实比较困难，而如果是双手持握兵器，想要发射暗器就更是天方夜谭。在这种情况下，诞生了袖箭。

袖箭一般由箭和发射机两部分组成。袖箭形制较短，长约 7 寸左右，放置在有发射装置的箭筒内。箭筒一般由竹木或者钢铁制成，中间有一个小孔，可以把袖箭插入其中。箭筒的底部有一个圆铁板，装上箭之后将铁板盖上，然后拨起扣发装置——蝴蝶片。在实际的对战中，只要大致瞄准对方，用另一只手轻轻一撞蝴蝶片便能击发袖箭，可谓方便实用。这种袖箭一般是藏在袖子之中的，使用前要用绳子绑在胳膊上以免滑脱。不过，袖箭的体积毕竟很小而且是纯机械装置，箭的射击里程一般也只有十几米。

此外，古代的大侠们还发明了类似于左轮手枪的多发袖箭，被称作双筒袖箭、三才袖箭、四象袖箭、梅花袖箭、七煞袖箭等。以能连发六支箭的梅花袖箭为例，这种袖箭的箭筒有六个小孔，中间有一个，其他五个围绕中间的小孔成五角形分布。每撞击一次蝴蝶片便能发射一支袖箭，在手枪尚未发明的年代，这可谓是近距离攻击的绝对利器。若是在箭尖上涂满毒药，一个弱女子也能轻松杀死五六个敌人。当然，这种袖箭的体积就比较大了，很难藏于袖子之中，一般是随身携带，使用的时候直接拿在手中。

2.5 飞蝗石

《水浒传》里的没羽箭张清练就一身飞石

47

暗器谱

我预感他会发明高尔夫。

飞蝗石

飞蝗石的投掷秘诀：稳、准、狠、快。牧羊人用它驱赶羊群的过程中，居然发明了高尔夫！

我扔的不是暗器，而是寂寞。

绝技，能以鹅卵石作为暗器打击敌人，百发百中。靠着这门技艺，张清击败了林冲、鲁智深等梁山一十五位大哥级的将领，真的是风光无限。其实，若论暗器的普及度，恐怕飞蝗石才是最高的。所谓的飞蝗石，其实就是鹅卵石。鹅卵石四面光滑——某些心理阴暗的大侠在实战时会选择有棱角或者锋刃的石头作为暗器。在空中不易改变飞行的路线，且几乎没有任何制作成本，到河边一下午就能捡一大袋，算得上是性价比最高的暗器。

飞蝗石没有锋刃，对敌人的杀伤力完全取决于投掷者的臂力，因此练习飞蝗石首先要练习胳膊的力量。在胳膊有了足够的力量之后，接下来就要进行精准度的练习。精准度练习的方式也很简单，基本就是画定一个目标，对着掷出即可。等到这一步练习好了之后，可以尝试在奔跑中或者马上投掷。

当今流行的一项运动跟飞蝗石也有着很深的渊源。据说当年的牧羊人为了让离群的羊赶紧归队，会用石子去投掷它。久而久之，牧羊人在不放羊的时候便在地上挖一个小洞，站在远处向小洞投掷。之后，牧羊人开始用木棍击打石子，让石子慢慢地滚进洞里——说到这里，你肯定明白了，这项运动就是高尔夫。

2.6 袖炮

古人在武器创新方面总是充满着无穷的智慧。当热兵器逐渐成熟之后，暗器领域也出现了热兵器，这就是袖炮。

袖炮是一种小型的火炮，一般由酒盅粗细的竹管制成，长度在 40 厘米左右。为了防止

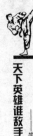

火药爆炸时冲破竹管，使用者会在竹管外面加上三道铁箍。竹管的两侧分别包以铁皮，放置火药的一侧留有一定的空间。

这种炮不需要点火就可以使用。使用时，先把火药放入竹管之中，然后在火药上方放置石子、钢珠、铁片、铁砂、铅片等。一切准备妥当之后便可以带在身上，如遇敌人，左手拿好竹管，右手猛击火药一侧的铁皮。火药受到撞击会迅速爆炸，前面的弹珠会对敌人造成极大地杀伤。这种暗器一般是看家护院的家丁们所用，镖局的镖师也会将其带在身上。用今天的眼光来看，这种袖炮应该算火箭炮加霰弹枪的合体，而且携带方便，无需点火——看起来古人也掌握了撞针技术——完全颠覆了我们对古代兵器的印象。十分可惜的是这种暗器只在江湖上流行，如果它能装备军队，恐怕在日后的诸多战争中，中国的胜败还是未知之数。

2.7　弹弓

弹弓大约是与弓箭同时出现的。据文学专家考证，中国最早的一首诗歌"断竹，续竹，飞土，逐宍"描述的就是古人用弹弓打猎的场景。古代的大侠们所用的弹弓与我们今天常见的弹弓有着很大的区别：今天的弹弓大都以铁或者木作为弓身，用橡皮筋或粗的橡胶带作为弹射装置，而古代的弹弓外形与弓基本一致，唯一的区别在于弦上装有一个填装弹丸的小皮囊，所以才被叫做弹弓。

暗器谱

只有弓没有箭，又一只惊弓之鸟？

不要迷恋哥，哥用的是弹弓。

弹弓

古代的弹弓外形与弓相近，唯一的区别在于弓弦上有一个填装弹丸的小皮囊，故得名。

与今天的弹弓相比，大侠们的弹弓威力不大，而且还十分笨重，但这也不能怪大侠们。中国的橡胶产量本来就比较低，况且当时的人

还没有掌握现代化的橡胶制作技术，橡皮筋之类对他们而言还属于科幻世界的东西。尽管他们所用的弹弓还是比较笨重，但只要勤加练习，其威力依然是可观的。

古代行走江湖的大侠们大都练就了一手好弹弓。跟弓箭相比，弹弓有着某些独有的优势。首先，弹弓发射的是石子或者泥丸，这些东西在古代遍地都是，取之不尽用之不竭，而假如你背的是一把弓箭，最多也就携带十几支箭，况且弓箭也属于军方管制器械，是不会允许私人携带太多的箭支的；其次，石子或者泥丸发射非常隐蔽，发射时也不会产生破空的声音，不易被敌人发觉。

2.8　手指剑

与之前所说的投掷类和抛射类的暗器不同，手指剑是一种在近身攻击时偷袭用的暗器。手指剑长一般在三四寸左右，其尾端有一个类似戒指的圆环与剑身呈直角，剑身平直，宽度大约与手指的粗细相同。使用的时候，将手指套在圆环上，屈起手掌，剑身就露在了手掌外面，可以用来攻击和偷袭敌人。

3. 奇门兵器

3.1 判官笔

在武侠小说中，判官笔一旦出场，总是带着一种阴森恐怖的气氛。因为这类兵器一般不是名门正派所用，而且"判官"之类的名字总能让人想起地狱鬼怪之类的东西。这显然是一种误解，在古代武林中，判官笔是较为常见的兵器，使用者也并非都是邪魔歪道。例如《倚天屠龙记》中，武当七侠里的六个人都用剑，唯独长得最帅的张翠山极有个性，用的是完全不同的兵器——"左手镔铁判官笔，右手亮银虎头钩"，江湖人称"银钩铁画张五侠"。到了电视剧里，张翠山的兵器变成了剑，让人不知道他"银钩铁画"的外号从何而来。

判官笔的形制与毛笔相似，在笔身的中间有一个圆环，握住后可以让兵器不易脱手。普通的判官笔长约二三尺左右，主要的攻击方式有穿、点、挑、刺、戳等，也常被用来打穴。

3.2 梢子棍（连枷）

古代的兵器有很多都是起源于农具，梢子

棍便是其中的一种。梢子棍又叫做连枷，本来是农民打谷时所用，由竹柄及敲杆组成，工作时上下挥动竹柄，使敲杆绕轴转动，敲打麦穗使表皮脱落。

奇門兵器譜

双节棍

李小龙使用的双节棍，居然是从农具中改良出来的！

梢子棍可以看作是加长版的双节棍——其中一节的长度大约齐眉高，另外一节长约一尺左右，中间以铁链相连。跟刀枪剑戟相比，梢子棍看起来不够拉风，扛着个这东西走江湖，很有可能被误认为进城找工作的农民工，所以

很少有大侠用这个作为兵器。当然，这并不能
代表梢子棍的威力不大。实际上，早在春秋战
国时期，梢子棍就被装备到军队里了。《墨子
·备城门》中说："二步置连梃、长斧、长椎
各一物；枪二十枚，周置二步中"。这里所说
的连梃就是梢子棍，而后来名震天下的双节
棍，其实也是从梢子棍改良过来的。

3.3 钺

一般人提到十八般兵器，肯定脱口而出
"刀、枪、剑、戟，斧、钺、钩、叉"。这八
种兵器中，最让人不熟悉的应该就是"钺"。
钺是标准的奇门兵器，无论是外形还是演练方
法都非常奇特，一般只有入室弟子才有资格学
习。此外，钺也没有一个固定的形制，大侠们
可以根据自己的技击特点单独制造，也就是
说，今天我们所见到的每一款钺都是当年的限
量版，而且很有可能是绝版。

钺早在商周时期就已经出现，但是当时的
钺是一种类似于斧的兵器，主要的用处是处斩
犯人。经过数千年的发展，钺演变成了一种可
以单手持握的短兵器。在古代的武林门派中，

最有特点的钺应当属八卦门的鸳鸯钺和鸡爪钺。

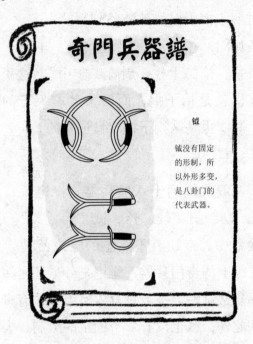

奇門兵器譜

钺

钺没有固定的形制，所以外形多变，是八卦门的代表武器。

八卦门的鸳鸯钺有很多很拉风的名字，比如日月乾坤剑。之所以叫鸳鸯钺，是因为这个兵器是一对，分为一雌一雄，演练的时候相互交织，酷似鸳鸯。它的形状酷似鹿角，所以又被叫做鹿角刀。鸡爪钺也是一种独有的兵器，融合了枪、峨眉刺、钩、戟等兵器的特长，可刺可钩，在实战中有着不小的威力。

3.4 钩

钩是中国武术独有的器械。关于它的起源，有着多种多样的说法，有人认为钩来源于古代的兵器戈，有人认为钩脱胎于镰刀。无论钩的来源是哪一种，钩的历史却是非常悠久的。

钩最早被用于水战。在战斗中，士兵可以用钩钩住敌船，然后跳上去与敌人作战。在格斗中，钩可以锁拿住敌人的兵器，也可以轻松的割下敌人的首级，是一种非常可怕的兵器。在春秋时期，吴国人精于钩的铸造，其钩锋利无比，随着吴国在中国南方不断地开疆拓土，吴钩之名传遍中国。直到唐朝，诗人们仍然将它视作兵器和军人的象征，例如李贺写道"男儿何不带吴钩，收取关山五十州"，杜甫写道"少年别有赠，含笑看吴钩"等。

随着刀剑的普及，钩逐渐退出了军队，成为江湖人士的热宠。在明清时期，钩被普遍地装备到镖局里，由此钩也成为镖师和镖局的象征。钩的主要攻击方式有钩、拿、锁、劈、削等，一般的演练和使用都是双钩。

3.5 镰

跟梢子棍一样，镰也是一种由农具演化而来的兵器。当然，作为兵器的镰肯定与农具有所区别。农具的镰一般使用薄铁片磨制而成，也有人用生铁打制而成，装以木柄，长约二尺左右，而兵器镰一般是整体以生铁铸成，长在二尺以上，镰身的两侧全部开刃，镰身的前端也被磨制成三角形。这样一来，镰就具有了可怕的威力，不但能像钩一样钩拿对方的兵器，还能削、刺、劈等。

3.6 抓

抓在古代武林中有两种形式，一种是飞抓，其外形是用钢铁铸造的类似鹰爪形的器具，一般是用来攀登墙壁或者抓取敌人的兵器之用，某些特殊情况下也会用来格斗，具体的使用方法与绳镖类似。另外一种则是铁抓，这种抓全以生铁铸成，下方是抓柄，长约两到三寸，上方则是形似人手的铁抓——有的抓的五指还可以活动。在格斗中，这种抓可以很轻易地钩取或者锁拿住对方的兵刃，然后用腿去攻击对方。这种工具还被衙门中的捕快用来拘捕罪犯。

3.7　拐（丁字棍）

拐又被称作丁字棍，也是中国奇门兵器的一种。拐的基本造型是在一根木棍或者铁棍的下半部分加装一个横向的把手，让木棍可以围绕着把手自由转动。经过这样改造的木棍，不但攻击更为灵活和隐蔽，即使在不敌对手时，也可用以保护自己的手臂和上身。从历史资料来看，中国的大侠们很少用拐，但这并不有损于拐在国际上的影响力，因为这种兵器在被中

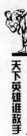

国人带到美国之后，颇受美国警察的欢迎。时至今日，拐依然是美国警察的制式装备。

3.8　铁尺

铁尺，顾名思义是一种类似于尺子的铁制兵器。铁尺的形状为方形，上粗下细，便于携带，一般藏在腰间，使用时双手各持一只，所以也称为"双铁尺"。这种兵器大约起源于唐宋时期，是当时衙役的常用武器。铁尺一般装有较长的护手，护手可以格挡对方兵刃的攻击。在明清时期，铁尺也是大侠们行走江湖的标准装备。不过，在使用铁尺的人中，真正有影响力的并不太多，这也是铁尺至今不太为人所知的原因。

第二节　练功器械

1. 石锁

石锁是古代大侠们进行力量练习的主要器械。石锁，因其外形酷似古代的锁而得名。相传石锁来源于唐代的军营，当时的士兵常用这种器械锻炼身体，增强自身的力量。后来，石锁流传于民间，经过无数练习者的开发，石锁俨然成为了进行力量练习的万能工具。换句话说，石锁就是一个微缩的健身房，只要你有心，你可以用它练习全身任何部位的肌肉。

如同今天的杠铃、哑铃一样，石锁也有着不同重量级的区分，不同的石锁的练习方式和锻炼效果也有所区别。一般来说，20公斤以上的石锁主要用来练习挺举力量，练习的方式也比较简单，将其举过头顶即可。20公斤以下的小石锁则可以用来练习很多部位，例如可以通过抛接来练习腰部、手臂的肌肉；双手提举或者按照练习哑铃的方式去练习，可以锻炼肱二头肌和肩部肌肉群；双手握石锁下蹲和起立可以锻炼下肢肌肉的力量；手指捏石锁进行提举是鹰爪功的入门功夫，可以将手指练得如钢筋一般坚实。还有一些练习者尝试着用手指、手掌、胳膊、肩膀、腿、膝盖等部位去抛接石锁，在练习力量的同时也可以锻炼身体的灵活度。石锁可一人单练，也可双人对抛练习。功力高强的人可以把石锁像鸡蛋一样三四个一起轮流抛接，加以闪、展、腾、挪的花样表演，煞是好看。

2. 梅花桩

　　梅花桩是中国武术中一种非常重要的练功器械，主要用来练习步法和身法。中国古代的武术十分强调步法的练习，当时有拳谚甚至说"教拳不教步，教步打师傅"，足见步法在功夫中的独有地位。同时，中国武术还十分强调下肢的稳健，认为那是力量的根基。为了加强这两方面的练习，大侠们想到了把练功移到地面之上。于是他们在地面上埋设木桩，中间埋一根，然后围绕着中间的这根再埋设五根。六根木桩呈梅花形分布，因此得名梅花桩。

　　在梅花桩上练习是对练习者功夫的极大考验。由于桩与桩之间的距离是固定的，一旦踏错就会跌落地下，因此练习者在移动中必须要注意每一步踏出的位置，还要保证每一步能够踏实。经过长时间的练习，大侠们的步法和身法会变得非常灵活。梅花桩中，几根木桩的高度一般都是一致的，但某些人为了增加练习的难度，也会将木桩埋设成高度错落的样子，如此一来既练习了步法，也练习了轻功。

　　梅花桩的功夫不只在桩上练习，八卦掌的

基础功夫之一是练习者按照八卦的方位在木桩之间行走，然后将木桩想象成敌人，对它或打或踢。久而久之，练习者的身法同样会变得灵活，在面对更多敌手的挑战时也能从容应对。

在武侠小说和电视剧中，梅花桩最重要的功能不是练功，而是比武。但从现实来看，这是很难实现的。一方面，大侠们几乎不会公开比武，更不要说到梅花桩这样显眼的地方；另一方面，各门各派的身法和步法各有不同，而梅花桩埋设的位置却是固定的，这样对于双方来说都是不公平的，稍微懂点武功的人们肯定不会同意在梅花桩上比武。

3. 木人桩

说到木人桩，大多数读者的第一反应就是李小龙和叶问。伴随着这两位大师的传播，咏春拳从广东一隅走向了五湖四海，而原本用于咏春拳练习的木人桩也遍布世界各地。木人桩是咏春拳独有的练习器械，主要用来练习小念头、寻桥和标指三套手法。通过木人桩可以有效地练习指法、手法、步法、腿法，模拟各种进攻和防守的状态，是咏春拳能够风靡世界的不二法宝。

器械谱

木人桩

化桥觅对手，
有师更需求；
无师无对手，
镜与桩中求。

　　或许大多数读者听说过咏春拳的创始人五枚师太与南少林之间的渊源，而据资料记载，木人桩与少林寺之间也有着非常密切的关联。当年南少林兴起之后，少林寺的和尚们苦于无人可以陪练功夫，便凿木为偶，用木头雕刻出了108个木头人。这108个木头人，每个模仿一个拳招，南少林的和尚们在闲暇之余可以对照木人演练攻防技术，而且木人也起到了示范的作用。后来，南少林被烧毁，有一个幸存者在原有的基础上设计了一种新的木人桩，他只有三个胳膊和一条腿，但却可以实现以前108个木人的功能，这也就是今天咏春拳练习所用的木人桩。

木人桩的造型在电视剧和许多杂志中已经有多很多展示。尽管咏春拳的木人桩与少林寺的木人桩有着某些渊源，但二者的训练理念是完全不一样的。南少林的和尚们热衷于力量和硬度的训练，木人桩埋在地上是固定不动的，练习者通过击打木人桩提升自己的力量和硬度。咏春拳作为一种内家拳法，反对这种练习方式。最初，咏春拳的木人桩是埋在地上的，埋的时候要把木桩的下面削尖，这样可以保证练习者在击中木人桩的时候木桩会有所晃动，从而减轻木桩对于练习者的反作用力。时至今日，咏春拳的木人桩有了很大的变化，但其底部依然会加一些硬质弹簧，容许木桩有轻微的晃动，让练习者能够练出刚柔并济的咏春拳。

咏春拳的桩功极为复杂。一代宗师叶问当年学习的咏春木人桩共有140个动作，分为十个不同的训练部分，后来叶问将其简化为116

式并传给了自己的弟子。不过，叶问对于木人桩的练法看的很紧，就连李小龙提出用重金将其拍成影片，叶问也直截了当地予以拒绝，于此足见木人桩以及木人桩法在咏春拳中的地位。

4. 沙袋

一提到沙袋，大多数人想到的是那种吊在屋顶上供练习者进行踢打训练的那种悬挂式沙袋。的确，在世界各地武术中，这种沙袋是最为常见的。依据练习者要求的不同，沙袋里面的填充物也有所不同。一般的沙袋里面填充的是细沙或者粗沙，供初学者使用的沙袋外面还要包裹一层海绵。经过一定阶段的训练，练习者会撤去外面的海绵，直接击打沙袋。在此基础上，有人会加入一些粗沙、碎石、砖块，增强沙袋的硬度和摩擦力。

中国武术中所用的沙袋里面填充的一般是铁砂。众所周知，铁的密度要远远超过石头，因此中国武术所用的沙袋实际上是非常重的。需要特别说明的是，武术练习中所用的铁砂并不是普通的铁砂，而是在铁锅中翻炒过的铁砂。中医认为，铁砂里含有大量的毒，长期用手掌击打沙袋会让毒气入侵人体，因此需要用翻炒的方式去除他的毒气。当然，翻炒也并不能完全去除毒气，大多数门派都有一些练功后用来洗手和洗澡的药方，其配方大都以醋和能够清热解毒的中草药为主。

在第一节的"气力"中已经提到少林寺的僧人们会用沙袋练习铜叶手，"轻功"中提到沙袋还可以用来练习轻功，这都是沙袋比较常规的用途。在少林七十二绝技中，有一门功夫叫做抛沙袋。这个抛沙袋需要两个人练习，先准备十斤左右的沙袋，由一方扔给另一方，对方接到后再扔回给练习者。如此循环往复，在练习的过程中可以不断加大沙袋的重量，直至一二百斤仍能抛接时，功夫得有小成。在此基础上，练习者可以一边奔跑一边抛接，等到在奔跑的过程中仍可以轻松抛接的时候，练习者的双臂就有了非常骇人的力量，能够像武侠小说中描写的那样，抓住某人然后轻松扔出一丈多远或者夹着人奔跑。

小型的沙袋主要是用来练习铁砂掌。铁砂掌沙袋的铁砂要加入少量的猪血一起翻炒，去

除铁砂内的毒素，同时猪血在铁砂外形成保护层，可以避免手掌的汗水侵入铁砂而使铁砂生锈。铁砂掌属于外家功夫，练习的方式也非常简单，只需对着沙袋拍掌即可，练功完毕后需要用药水洗手。中医认为绿豆有清热解毒的功效，某些门派的练习者会在拍打完沙袋后将手掌在绿豆中放一会儿，让绿豆吸取手掌内积存的毒素。

5. 球

看过电影《太极张三丰》的人对其中张三丰以皮球练功的那段情节都有比较深刻的印象，这段神来之笔展示出了太极拳以柔克刚的本质和生生不息的自然之道。这个情节就是根据真实的太极球改编出来的。

太极球是太极拳里比较高深的功夫，练习者需要把之前的拳势练习熟练之后才能开始练习太极球。太极球的重量轻重不一，质地也可以根据个人的条件选择，比如有的人用猪尿泡灌满黄泥制成太极球，也有的人用稻草和黄泥搓成球状晾干之后使用，当然大部分人会选择用木质的圆球进行训练。一般练习所用的太极球重量为十公斤，直径三十厘米左右。初学者就像《太极张三丰》里的李连杰一样，里转外缠，体绕球旋，根稳球顺，忽开忽黏，最终体会到太极合一的感觉，慢慢真功夫方会显露出来，并能化解任何对手的攻击动作。

器械谱

太极球

里转外缠，
体绕球转，
根稳球顺，
忽开忽黏。

另外一个用球来练功的门派是八极拳。八极拳的球功是秘传的，一般的弟子根本无缘得见。与太极球类似，八极拳对于球的质地和形状也没有具体的要求。初学者还可以在球上打

69

一个洞，穿以铁环或者绳子，固定在手上。八极拳的球功首先是用来做力量练习，即练习者以桩式站好，双手平举握住双球，然后练习手腕的力量。除此之外，八极拳也有类似于太极拳的运球练习。作为刚猛外壮的拳法，八极拳的球功练到极致可以产生意想不到的威力。例如晚清年间，八极拳的一代宗师、溥仪皇帝的侍卫队长霍殿阁将球功练到了炉火纯青的地步，他的双臂在平举的状态下可以吊起一百二十八斤的铁球。以此功力对敌，恐怕任何人都难逃铁掌。

6. 大杆

大杆是太极拳所独有的练功器械，其制作材料为白蜡木。白蜡木只在河南的宁陵县生长，因其独特的水文、地理和气候特点，白蜡木的木质坚实细密，耐干旱和潮湿，具有极好的柔韧度和坚固度。

把白蜡木锯断，剥去外面的皮就可以使用了。白蜡木非常平直，基本不需要经过修理。练习太极拳所用的大杆一般采用长度在一丈以上的白蜡木制成。太极拳的大杆练习被叫做抖大杆。大杆虽然看起来平平无奇，但要抖起来却绝不是一件容易的事情。没有任何武术根基的普通人拿起大杆都比较吃力，有过武功底子的人一开始也抖不了十下八下。所以大杆的练习是非常艰苦的。当年太极拳一代宗师杨露禅的孙子杨澄甫练习太极拳，每天要抖二百遍大杆，体力消耗之大令人难以想象——那时的杨澄甫每顿饭要吃三十个馒头。

　　在太极拳的练习中，大杆是练习功夫的很好的器械。太极拳的大杆在杆的套路是从枪法演化而来，使用上要求"前手如管，后手如锁"，在杆的用力上要求"前手用杆，后手用力"，所用路数完全贴合太极之理，因此经过大杆的练习顺便也就掌握了太极枪。另外，大杆的重量也可以极好地练习全身的力量。经长期不断习练，可使习练者内劲大增，劲整浑圆，力达杆尖。

江湖门派

　　"有人的地方就有江湖"，这是一句说滥了的话。如果把江湖比作社会的话，那么进入一个门派就好比是考上了公务员，从此以后就算是体制内的人了。体制内的人混江湖，是有着很多好处的，比如即使你闯了祸，仗着自己的门派和师父给你撑腰，大多数人也不敢把你怎样。除此之外，古代的江湖很讲究派系的传承，在门派中学习武术意味着你根正苗红，走到哪儿都是受人待见的。那么，中国武术中有多少门派？达摩究竟是不是少林派的祖师？张三丰又有没有创立过太极拳？杨露禅和董海川究竟谁更胜一筹呢？

　　嘘，这是秘密，一般人我可不告诉他……

1. 少林派

形成年代：魏晋时期

创派人物：达摩（名誉祖师）

流传范围：以少林寺为中心遍布中国

主要功法：拳法、棍法、七十二绝技

拳法特点：舒展大方，大开大阖，气势雄浑，禅武双修

知名高手：达摩、月空、昙宗、俞大猷、程宗猷、妙兴、许世友

影响力：★★★★★

武侠小说里的少林寺是各种大侠和"怪咖"的集中营，一方面少林寺的和尚们利用天时地利的优势研习少林武功，历代高手辈出，不乏在江湖排行榜上的魁首之辈——例如历代的方丈们；另一方面还有许多高手由于各种原因遁入空门，借以避开世事以及仇家的追击——例如《倚天屠龙记》中的成昆和谢逊。此外，还有一部分人一直觊觎少林寺的武功秘籍，整天想办法去偷学——例如《天龙八部》里的萧远山和慕容博。就连韦小宝这样的花心

大少都能当上少林寺的第二把手，倒也算是佛门广大，无所不包了。

武林第一名刹——少林寺　　天下功夫出少林，少林总部在嵩山。

当然，上面的话都是笑谈。然而在真实的历史中，少林寺的影响力却丝毫不比小说中的小。中国武术的众多门派大都是从明清时期开始形成的，即使如太极拳、八卦掌这样的门派也不过两三百年的历史，但少林武术的历史却可以从一千五百多年以前的魏晋时期说起。少林武术，在传说中是由达摩祖师所创，可惜这只是传说。达摩的确为少林寺创造过一些武术，但那大都是用来解除和尚们长久打坐之后疲乏的导引气功，即《易筋经》之类的功夫。如果真要跟人打架的话，达摩估计会被一砖拍倒。

　　真正的少林武术源于战争。少林寺创建于北魏孝文帝时期的公元495年，当时正是中国的南北朝时期，中原地区是南北方争夺的重要战略目标，而且南北方政权更迭的速度很快，战乱时有发生，学点武术来自卫就显得非常重要。此外，当时的北方政权，尤其是北魏孝文帝非常推重佛教，赐予了少林寺大量田产以供僧人们使用。少林僧人们学习武术，也是为了保卫寺院的田产。从这里不难看出，少林武术从一开始就是为实战而生的，拒绝一切花架子。当然，那个时候的少林武术还只是一些基本的格斗技巧，既没有形成套路，也没有武术理论，与今天的散打或者军方格斗术非常类似。

　　少林寺位于河南登封，这地方既没有做过首都，也不如开封等地有名，少林寺的知名度应该是比不过那些首都和大城市的寺庙的。但事有凑巧，隋朝末年爆发了农民起义，军阀割据，民不聊生。隋末的著名人物王世充占据了少林寺的土地，将此作为要塞与李世民对峙。少林寺的和尚们为了夺回田产，设法抓住了王

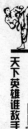

世充的儿子王仁则，将其献给他的死对头李世民——这一段故事后来被演绎为著名的"十三棍僧救秦王"。李世民得到王仁则之后，非常高兴，不但如数返还了少林寺的所有土地，还另外多给了四十亩地和一具水碾（一种用水力碾碎谷物的器具），允许少林寺的和尚公开习武。而后，武则天在嵩山封禅，迁都洛阳。崇信佛教的武则天经常赐予少林寺田产、财物，少林寺的知名度急剧上升，一跃成为中国最为知名的寺庙。

在唐代和武周时期，少林寺与存放佛指骨舍利的法门寺同样都是最为知名的寺院。随着历史的发展，少林寺存放了越来越多的佛学典籍，同时与一些练武之人的交流也逐渐增多，少林寺的僧人们开始一边习武一边研习佛学理论，由此形成了少林寺禅武双修的局面。禅武双修让少林寺的武术多了一些哲学意味，更富有文化含量。金庸在《天龙八部》里借由扫地僧人的口告诉读者"少林寺禅悟双休的目的是以佛法来化解武术中的杀气和戾气，因此佛法越高，武功才能越高"。这个说法看起来比较玄，但也说明此时少林寺的武术已经不仅仅是格斗技术那么简单了。

在历代高手练习的基础上，少林寺将一些经典的技击动作结合佛教的理论整理成了各种套路，也就是今天所看到的各种拳法。据相关资料的统计，少林寺的各种武术套路有近千套，涵盖了拳法、掌法、指法、腿法、内功以及几乎所有的器械套路，可谓集天下武功之大成。在少林寺的武术套路中，比较出名的有大洪拳、通背拳、黑虎拳、太祖长拳、罗汉拳、地躺拳、七星拳、六合拳、盘龙棍、风火棍、齐眉棍、五虎群羊棍、六合枪、春秋大刀、飞龙剑等。除此之外，少林寺还总结出了一些功夫的练习方法，也就是今天众所周知的少林寺七十二绝技。

虽说少林寺的武功很高，可是少林寺也有大企业的通病，比如官僚主义、形象工程等。在经过几百年的发展后，少林寺的武术越来越脱离实战，纯粹追求练习的美观。明朝中期，著名的抗倭将领俞大猷曾习练少林武术多年。有一次闲来无事，到少林寺参观游览，正好看到少林寺的和尚们在练习棍术。俞大猷看了半天，对和尚们说："你们所练的棍术已经没有

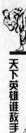

了少林棍术的本义，没什么用处"。少林寺的和尚们自然不服，上来便要找俞大侠较量。俞大侠也不是嘴把式，几棍下来就把挑战者打翻在地。和尚们一看俞大猷是这种狠角色，毕恭毕敬地说："愿受指教"。于是，少林寺派出了一批和尚跟随在俞大猷身边学习棍术，将其带回了少林寺。也是从这时候开始，少林寺重新重视起了实战，成为中原武林的翘楚。

　　尽管少林寺的影响力如此之大，在港台所拍摄的武侠影视剧中，占据主要地位的不是少林寺，而是所谓的南少林。关于南少林的来源，说法不一，有人认为南少林是佛教从海上传入的过程中在福建传播时所建的，也有人认为是唐朝初年由少林寺的僧人们所建。但无论哪种说法，都会承认南少林有着自己独特的武学理念和武术套路。明朝中期，倭寇进犯沿海，少林寺派出了部分僧人前赴沿海与倭寇作战，南少林也派出了僧兵护卫当地百姓以及参军抗倭。在这个过程中，南北少林的武术有了直接的交流，丰富了双方的武术。在南方的武术中，南少林的影响也是非常大的，据说南拳的主要拳法，如洪拳、咏春拳、蔡李佛拳等都

源自南少林或者与南少林有着密不可分的关
系，至于洪熙官、方世玉等人物自然就更不必
说了。

少林寺除了在武功方面有所成就之外，在
练习武术的过程中，为了医治伤痛，少林寺也
形成了自己的医学体系，也就是所谓的武医。
少林寺的武医以治疗内伤、强筋健骨、舒筋活
血、接骨推拿方面为主，研制了很多特效的中
药。这些药在古代都是少林寺的绝密，与武功
一样，是不轻易为外人道的。

在一千多年中，少林寺成为中原地区乃至
整个北部中国的武术重镇。到了明清时期，河
南地区几乎所有的知名的武术家都是习练少林
武术出身。从少林武术出发，一些练习者也发
明了新的拳术，从这方面来看，那句"天下
武功出少林"也并不算是夸张。

少林武术的传授极重武德。在古代，少林
武术有所谓的"十不传"，包括：

（1）人品不端者不传；

（2）不忠不孝者不传；

（3）人无恒心者不传；

（4）文武不就者不传；

（5）借此求财者不传；

（6）俗气入骨者不传；

（7）市井刁滑者不传；

（8）骨柔质钝者不传；

（9）拳脚把势花架者不传；

（10）不知珍重者不传。

总之，要在那个时代学习到少林武术的确不是一件容易的事情。不过，今天的练习者们倒不必担心这个问题了。在前些年，少林寺公布部分武功秘籍和各种药方，这其中包括《易筋经》和少林七十二绝技以及少林寺秘不外传的治伤、养生药方。这些资料可以通过网络很方便地查询到，对此感兴趣的读者不妨去看看，即使练不成高手，也会有所收获。

2. 武当派

形成年代：元末明初

创派人物：张三丰（名誉祖师）

流传范围：以武当山为中心，遍布中国中部地区

主要功法：剑法、太极拳、内功、轻功

拳法特点：刚柔并济，动静结合，空灵柔

美，借力打力

知名高手：张三丰、张松溪

影响力：★★★★★

　　武侠小说里的武当与少林齐名，是中原武林中最大的两个门派。用今天的说法，武当与少林属于大型的垄断企业，大致相当于中石油与中石化的地位。当然，既然是同一行业内的企业，又都是树大根深，自然谁也不服谁，于是在各种作品里，少林与武当的仇恨由来已久，双方打了数百年未分胜负，大有水火不容的态势。然而，江湖的比武毕竟没有那么多，武当与少林，在历史上还是和平共处的，即使有比武，那也纯属同行切磋。

　　武当武术，顾名思义，是以武当山为中心的武术门派。武当武术的创始人据说是张三丰。说到这个人，那可是大大的有名，经过历代小说家的不断描绘，张三丰简直要超凡入圣，羽化登仙了。电视屏幕上的张三丰仙风道骨，潇洒俊逸，武功卓绝——这其实是完全骗人的。根据资料记载，张三丰本名张君宝，自号"三峰"，后人谐音"三丰居人"（这倒是

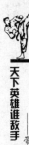

与小说的描写一致），长相嘛……总之有点对不起观众，在此就不细说了。至于日常的吃穿住行，你只要听听他的外号就知道了：喇闼、邋遢张仙人、张邋遢、遢仙。总而言之，历史上的张三丰是一个长得又矮又丑，而且非常邋遢的出家人——也就是说，张三丰其实是标准的"矮穷挫屌丝"。

当然，张三丰的邋遢也是可以理解的。张三丰从少年时期起就开始云游四方，颇有今天穷游一族的风范。本来出家人就比较穷，又走了这么远，邋遢点也不算什么。当张三丰走到陕西宝鸡的时候，看到有三座山峰非常秀丽，于是把自己的名字改成了张三峰。据说，在云游途中，张三峰学到了很多武术，也对武术有了自己的理解。到了武当山上，张三峰将此整理出来，形成了武当武术。

对于武当派描写最为细致的是金庸的《倚天屠龙记》，许多人是通过这部书了解了武当派。书中提到，张三丰有七个弟子，人称武当七侠。金庸自己说："据旧籍载，张三丰之七名弟子为宋远桥、俞莲舟、俞岱岩、张松溪、张翠山、殷利亨、莫声谷七人。殷利亨之名当取义于《易经》'元亨利贞'，但与其余六人不类，兹就其形似而改名为'梨亭'"。实际上，武当七侠历史上实有其人，但并没有师兄弟之别。据记载，七人当年都是好朋友，曾结伴到武当山上找一位姓李的高人学习武术。不过，这位姓李的大侠并不在山上，而巧的是他们刚好碰到了张三丰，阴差阳错之下，便拜张三丰为师，学习十三式太极拳。

武当七侠中真正称得上弟子的其实只有张松溪和张翠山两人，而金庸一直花费大量笔墨描写的帅哥张翠山其实没有学到多少东西，真正得到张三丰真传的是张松溪。明末大儒黄宗羲在《王征南墓志铭》里记载了张松溪的一些事迹。张松溪出生于明朝正德年间，大约与唐伯虎、王守仁生活在同一时代。他得到了张三丰的真传，创立了松溪派内家拳，纵横江湖未逢敌手。当时有70多名少林僧人不服，上门挑战，张松溪只是在椅子上坐着，不予理睬。一位少林僧人凌空跃起，想以重腿踢到张松溪，不料张松溪不慌不忙，在少林僧人腿将至的瞬间，微微侧身，右手朝僧人的腿上打了一下，僧人忽然如断线的风筝飞出窗外，四座立时大骇。武当武术从此名扬天下。

金庸老先生为了让这段描写更加可信，在《鹿鼎记》里还把黄宗羲跟顾炎武加了进来，让黄宗羲也粗通一点武术。历史上的黄宗羲的确是会武术的，但有关武当武术的这个记载还是充满了传说的成分，在此可以权当谈资看看。

武当武术中最出名的当属太极拳了。需要特别说明的是，武当武术中的太极拳与今天我们所练的太极拳是完全不同的两个概念。今天我们常见的太极拳是由清初的武术家陈王廷从长拳的基础上发展出来的，在最开始的名字是绵拳，及至清朝末年，太极宗师杨露禅将其带出陈家沟，传遍京城，才有了太极拳的名字。而武当的太极拳，早在明朝时期就已经存在的，当时的名字叫做"太极十三势"，包括"起势、抱球势、单推势、探势、托势、扑势、担势、分势、云势、化势、双推势、下势、收势"——当然，据说这也是张三丰的发明创造。

到明朝中期，中国的武术已经有了内家拳和外家拳的区分，但在那个时候作为内家拳典型代表的太极、形意和八卦都还没有出现，内家拳派最典型的代表就是武当，外家拳最典型的代表就是少林。当然，后来两者相互交融，比如形意拳、心意拳源自于少林武术，但被认为是内家拳的代表。从武当武术中，也可以窥见到内家武术的一些基本特点。

武当武术源出于道家的一些典籍，其套路和技击的理念是根据《周易》《道德经》等演化而来的，因此讲究意在式先，拳意连绵，以柔克刚。武当武术与少林武术一样，最初也是道士们在静坐修炼的过程中用来舒筋活络的发明，配合道家传承的医术，武当武术更是显得博大精深。与少林武术相比，武当武术更为注重武术的养生功能，将练习武术视为修炼的一种法门。至于技击格斗，在武当武术看来，那是细枝末节的东西。如果舍本逐末，非但练习不好武术，还有可能损害身体健康，得不偿失。

武当武术与道家理念结合得非常紧密。老子在《道德经》里说"人法地，地法天，天法道，道法自然"，这一点在武当武术中也有所体现。据传说太极拳是张三丰观蛇鹤相斗而

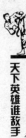

悟出的拳法。尽管这种说法有些夸张，但武当武术中的很多招式的确是在模仿自然界的动物捕食、争斗。正因如此，武当内家拳中，有大量的以动物来命名的拳法，例如鹰拳、蛇拳、猴拳、虎拳、熊拳、龙形八卦、游身八卦等，太极拳的招式中也有野马、黑虎、白猿、大鹏、白蛇、青龙等动物的名字出现。

武当武术的这两个特点深刻地影响了其他的内家拳派。因此后来的内家拳也主张以强身固本为先，而后再去学习技击之术。反对练习铁砂掌、铁布衫等外壮的外家功夫，它们以自身的内劲来形成强大的打击力和穿透力。许多内家拳高手没有练习过铁砂掌，但功夫到了一定境界一样能够开碑碎石。此外，在许多内家拳中，也存在着以动物命名的拳法。例如形意拳的步法是模仿鸡站立的姿势，被称为"寒鸡步"，其主要的招式为"熊出洞"和"鹰捉"，也就是所谓的"鹰熊二式"，在套路上则有十二形拳，是模仿动物的动作而来，有燕形、虎形、马形、鸡形等，与武当武术如出一辙。

武当武术的传统功法有桩功，内功掌法、

肘法、腿法、元图、分筋错骨、阵法、器械等，以及秘而不宣之功。长期练习，既能够固本培元、延年益寿，还可以柔克刚、克敌制胜。在过去，武当武术的收徒也是非常严格的。首先，练习者要遵循道家的各种戒律，如不得偷盗、淫邪、饮酒、杀生等。其次，练习者也要遵循江湖的各种规矩，如不得忤逆师长、不得为非作歹、不得污言相向等。为此，武当山还专门有惩罚犯戒者的监狱——虽说这在古代有私设公堂之嫌，但也由此可见武当门规的严格。第三，在与人比武时须强调以和为贵，点到为止，若在比武中有违比武的规矩，同样也要受到处罚。

3. 峨眉派

形成年代：唐宋时期

创派人物：白猿祖师（名誉祖师）

流传范围：中国西南地区

主要功法：剑法、气功、象形拳

拳法特点：快速灵活，凶狠刚猛

知名高手：白猿祖师、临济道人、吴殳

影响力：★★★★★

峨眉山势像峨眉，但我们是纯爷们啊亲！

峨眉派有须又有眉

sorry，峨眉派的名字听起来太婉约了……

金庸

白云禅师　　白猿祖师　　白眉道人

如果没有金庸，峨眉派便不会有那么大的知名度。

如果没有金庸，峨眉派也不会被世人误解如此之深。

在金庸的小说里，峨眉派是由郭靖和黄蓉的小女儿郭襄所创。当年郭襄遍寻杨过不得，忽一日顿悟禅机，于是遁入空门，创立了峨眉武术。这个说法影响了许多不了解峨眉武术的人——尽管大多数人都知道郭襄创派的说法纯属虚构，但却相信峨眉派武术的练习者都是女性。然而，你们的确想错了，自古以来，峨眉武术的练习者都是货真价实的纯爷们儿。

按照武术史的记载，峨眉武术起源于春秋

战国时期。在当年，四川地区还主要被少数民族所控制，在中原国家的眼中，他们属于蛮夷，不屑于与他们争斗。四川地区也因此在战国时代避免了战火的蹂躏，吸引了一些世外高人。其中有一位名叫司徒玄空的人，隐居在峨眉山中修行，他根据猿猴的各种动作创编了"峨眉通背拳"。这套拳法快速灵活，颇受当地人喜欢，练习者非常多。

　　这个说法的真实性是值得怀疑的，因为战国时期不太可能出现这样系统的武术套路。不过，这至少说明峨眉武术的历史是非常悠久的。到了三国时期，道教传入四川地区，以峨眉山和青城山为中心普及开来。佛教传入之后，峨眉山因其风景秀丽，也颇受出家僧人的喜欢，于是峨眉山上的寺庙也逐渐多了起来。与之前的两个门派一样，僧人和道士在修行之余借着武术来舒展筋骨，峨眉武术的雏形也渐渐形成。到了北宋时期，佛教已经完成了本土化。在中国的佛教体系中，峨眉山被认为是普贤菩萨的道场，因此来这里修行的人越来越多。其中的某些僧人也把其他地区的武术带到峨眉。

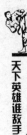

在峨眉武术形成发展的过程中，有三个人起了非常重要的作用，他们被称为"三白"。除了上面提到的白猿祖师外，另外的两白指的是白眉道人和白云禅师。其中，白眉道人的真实身份是南宋时期峨眉山的武僧德源长老，因为他眉毛花白，所以被人称为白眉道人。他还模仿峨眉山的猴子的动作创编了白眉拳。与他生活在同一时代的白云禅师则将峨眉武术和中医融会贯通，创编了著名的"峨眉十二桩"。到了明清时期，峨眉武术的发展蔚然大观，峨眉枪、峨眉棍的名气享誉四海，就连之前提到的张松溪也曾在峨眉山学习过一段时间。

明朝著名的抗倭人物戚继光，他的武术、谋略方面的半个老师唐顺之对峨眉武术同样倾心不已，他在自己的《峨眉七道人拳歌》中写道："浮屠善幻多技能，峨眉拳术天下奇"。接下来，唐顺之写道："忽然竖发一顿足，岩石迸裂惊沙走。来去星女掷灵梭，夭矫天魔翻翠袖"，这是描写峨眉道人的腿力极大，且身体轻盈，运动灵活，姿势也非常优美。"百折连腰尽无骨，一撒通身皆是手，犹言技痒试贾勇，低蹲更作狮子吼"，此处描写的是峨眉道人精通软功，身体的柔韧性很好，而且没有发力死角，可以用各个部位打击敌人。"余奇未竟已收场，鼻息无声神气守。道人变化固不测，跳上蒲团如木偶"这四句写道人掌握的技能很多，表演出来的只是一小部分，"余奇未竟"，令人怀想。接着写道人跳上蒲团，立即入静，由大动转入大静，安详自然，没有过硬的功夫是绝对办不到的。从上面的这些诗句里，不难想象当年峨眉派高手过招比武、练习拳法的飒爽英姿。

确切地说，峨眉武术不存在一个明确的门派概念，因为峨眉武术是以峨眉山为中心的许多相同风格的武术的总称，其中既有道家的武术又有佛家和俗家的武术。总之，门类庞杂，异彩纷呈。在清朝初年，峨眉武术中出现了八个比较有影响力的门派，分别是赵门、僧门、岳门、杜门、洪门、化门、字门、会门，而峨眉武术的练习者比较集中的地区和派别有五个，分别是位于青城山的青城派、金堂铁佛寺的铁佛派、丰都青牛山的青牛派、荣昌和隆昌两地的黄林派、涪陵点易洞的点易派。这五派和八门在峨眉武术中被称为"五花"和"八

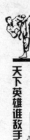

叶"。清初，峨眉山白龙洞的湛然法师著有《峨眉拳谱》一书，书中写道："一树开五花，五花八叶扶，皎皎峨眉月，光辉满江湖"。由此，足见峨眉武术的繁荣。

峨眉武术各有特色，以八门为例。僧门主要是指峨眉山的僧人们创立的武术门派，这些门派特点是拳、掌、肘、腿并重，高桩长手，以前虚后实的含机桩式为主，拳术有火龙、练步、大连环、虎豹、六通等，以火龙拳为代表，器械有峨眉双钩、双匕首、峨眉刺、棍、刀、铁尺等。岳门据传是由岳飞的拳术变化而来，出拳时前手需外旋成圆，而后靠身短打，硬打硬拦，拳法有金锁手拳、二十连拳、游禽拳等，器械多用棍，以对打为主。赵门据说是由宋太祖赵匡胤所创立的，讲究翻滚跳跃，舒展大方，善用腿功。其他门派也都有各自的特点。总之，峨眉武术融合了许多门派的特点，几乎可以说是中国武术的百科全书。

当然，武术是要用来实战的，不能够打架的武术是不能称之为真正的武术的。峨眉武术之所以在四川地区广受欢迎，是因为它非常符合四川地区的练习者。四川人的身材相对矮小，但灵活度却很高，加之四川地区多山地、湖泊、河流，因此蹿纵、跳跃的能力就非常重要。峨眉武术大量模仿了在这一地区生活的猴子等野兽的特点，在技击上大量保留了踢裆、踢腿、撞肘等技法，极其适合身材矮小的人练习和格斗。

今天的人对于中国武术的另一个误解——中国武术用来健身可以，用来实战的话与泰拳这些凶狠的拳法是不能相提并论的。但如果把这句话用在峨眉武术上，却是非常不合适的。峨眉武术历来重视实战和对练，师徒之间以及师兄弟之间的比武是家常便饭。据峨眉派武术的高手彭元植回忆，他当年练习武术时，练武场的院子中间架着一口大锅，锅中煮着牛肉，院子中间还有一些毛巾和布。师兄弟要以日常所学的招式相互过招比武，完全模拟实战，出手狠辣，招招见血，一天下来，毛巾和布上都是满满的血迹。如果练的饿了，可以从大锅中随时捞牛肉吃。即便如此，等到晚上，许多人还是会觉得饥肠辘辘，由此可见其练习量之大。正是在这种苦练之下，彭元植年仅十几岁就已经威震四川，被称为蜀中第一快手。

那么，你也许会问，既然峨眉武术的主要练习者都是男人，那么为什么江湖中会有关于峨眉派的弟子都是女人的传说呢？这有着多方面的原因：首先，峨眉山风景秀丽，因其山势酷似女人的眉毛——美女的眉毛在过去被叫做"蛾眉"，所以被称作峨眉山，这个山名和门派的名字就会让人浮想联翩；其次，峨眉武术的练习者身材矮小，不适宜练习长大的兵器，因此发明出了峨眉刺等兵器，这些兵器在其他地方的人看来，似乎就是女人演练的，所以误会峨眉弟子是女人也是情理之中的事。

4. 太极拳

形成年代：清初

创派人物：陈王廷

流传范围：世界范围内，凡有华人处，皆有太极拳

主要功法：太极拳、太极剑、抖大杆、推手

拳法特点：动静相宜，以柔克刚，绵里裹铁，后发制人

知名高手：陈王廷、陈长兴、杨露禅、武禹襄、吴鉴泉、孙禄堂、杨班侯、杨澄甫

影响力：★★★★★

如果必须要拿一种拳法当作中国文化的象征的话，那么这种拳法无疑是太极拳。如果从文化的角度来说，少林武术代表了中国文化进取勃发、刚健雄浑的一面，即所谓"天行健，君子以自强不息"，然而终究失之霸道；太极拳刚柔并济、绵里裹铁的劲力却暗合儒家所强调的中和之道。此外，太极拳的拳势优美，如行云流水，连绵不绝，其武术理论也集中国武术之大成。总而言之，太极拳作为中国武术的象征是当之无愧的。

有关太极拳的来源，各种小说中的描写实在是太多。比较多的一种说法是张三丰所创，但这终究缺乏扎实的史料作证。况且即使太极拳的创立者是张三丰，他所练习的太极拳与今天我们所见到的太极拳也相差很大。我们今天所见到的太极拳发源于河南省焦作市温县的陈家沟，创始人是陈王廷。

陈王廷出生于明朝末年，前半生生活在明朝，后半生生活在清朝，是太极拳的一代宗师。历史上有关陈王廷的记载是比较少的，我

们大致能够知道陈王廷出生于河南温县，曾经在温县的军队中任职，并在山东与农民军作战过。明朝覆亡以后，不愿入仕清朝，便回到乡下耕种为生，闲暇时候便把自己所练习的拳法进行了总结和整合，编练出了一种完全不同于以往的武术拳法套路。当时的陈王廷没有想到给这个拳法起什么名字，因为这种拳法练起来连绵不绝，所以就把它叫做"绵拳"。自此之后，绵拳就在陈家沟流传开来。

当然，陈王廷创制太极拳也并非一人之功。太极拳的相关理论早在明朝中后期就已出现。万历年间的武术大师王宗岳曾经练习过据说是由张三丰所创立的武当太极拳，并撰写了著名的《太极拳论》，其中提到"太极者，无极而生，动静之机，阴阳之母也。动之则分，静之则合。无过不及，随曲就伸。人刚我柔谓之走，我顺人背谓之粘。动急则急应，动缓则缓随。虽变化万端，而理唯一贯。由招熟而渐悟懂劲，由懂劲而阶及神明。然非用力之久，不能豁然贯通焉。虚领顶劲，气沉丹田。不偏不倚，忽隐忽现。左重则左虚，右重则右杳。仰之则弥高，俯之则弥深，进之则愈长，退之则愈促。一羽不能加，蝇虫不能落，人不知我，我独知人。英雄所向无敌，盖皆由此而及也"。这篇文章被视为太极拳的总纲，对于陈王廷有着很大的启发。此外，王宗岳的弟子蒋发与陈王廷关系甚好，二人经常切磋武艺，练习枪法，陈王廷所创太极拳的某些招式就来自于此。虽然陈王廷所创的太极拳与之前王宗岳练习的武当太极拳都被叫做太极拳，但两者的拳法依托是不同的。陈王廷早年曾经从军，主要练习的是军队中的拳法，即戚继光整理改编的三十二式长拳。

说到这里，有必要提一下戚继光。戚继光除了是个优秀的军事将领之外，还是个绝对的武林高手。在当年抗倭的过程中，戚继光发现士兵们所练习的阵法和拳法严重地脱离实际，使得军队的战斗力非常弱。为此，戚继光从少林寺和江湖上聘请了大量的武林高手（只要实战派）来作为军队的教练。他们所教授的都是战场上的生死搏杀之术，大大提高了军队的战斗力。戚继光为了便于练兵，将这些精华整理为各种拳械套路。这些套路流传于江湖，成为许多武术的起源——例如八极拳。而三十

二式长拳也是流传颇广的拳法。从拳法的渊源考证，三十二式长拳是由少林的大小洪拳、通背拳演化出来，而大小洪拳和通背拳则是由宋太祖练兵用的长拳演变而成，从这里可以看出太极拳与少林武术和其他中国武术有着密切的关系。最为重要的是，太极拳从诞生之初就有着极强的实战能力，而这一点是被今天的很多人所误解的。

除了吸收其他门派的拳法，陈王廷还创造性地把一些器械的套路和招式化入拳法之中。之前已经提到过太极拳的"揽雀尾"是从盾牌兵格挡还击的招式演化而来，太极拳还把棍术、枪法等招式也融入到徒手的格斗之中，令太极拳更加完善。陈王廷的创造之处还在于发明了推手这种对练方法，这是中国武术的创新。推手的关键在于听劲，虽然看起来慢吞吞的，但是一旦发力，立时就能打到对手。除此之外，陈王廷还创编了双人粘枪和抖大杆的练习方法，它以粘连黏随、不丢不顶、柔中寓刚、无过不及为其基本原则，成为前无古人的独有的竞技方法，解决了不用护具设备也可以练习徒手搏击技巧和提高刺枪技术的难题。据统计，陈王廷创编的太极拳共分五路和炮锤一路、一百零八势长拳及双人推手以及刀、枪、棍、棒、铜等套路，令太极拳成为一个完善的武术体系。

今天我们已经很难见到太极刀、太极枪、太极剑等兵器的演练——当然，大多数练习者也学不到这一层次。如果你早起晨练，可以看到公园里的大爷大妈们在挥舞着太极剑或者徒手演练着太极拳，于是你便认为太极拳既柔且慢，很难有什么实战能力。然而，这又是很严重的误解。任何武术技击的基本原则都是以快打慢，以强打弱，太极拳虽然强调以柔克刚，四两拨千斤，但并不违背这个基础。真正用于实战的太极拳有着强大的爆发力和反应速度，以后发制人而著称。有人把太极拳比喻为"绵里裹铁"或者"绵里藏针"，太极拳的柔和慢只是表面现象，是一种发力和技击的方式，其本质依然是刚猛的。

太极拳虽然是中国武术的创举，但在近两百年的时间里，太极拳一直都是陈家沟的农民们闲暇时候练习的拳法，既没有什么人前来学习，也没有参加过什么武术锦标赛，算得上是养在深闺人未识。直到两百多年后，一位叫杨

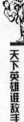
露禅的年轻人来到了陈家沟，拜陈氏太极拳的掌门陈长兴为师学习太极拳。杨露禅的学习并不顺利，他在当面拜师被拒之后，三番五次的想尽办法，诸如装乞丐等混进陈长兴的家里，然后在打扫庭院之余偷偷地记下陈长兴教给弟子们的招式。后来有一次因为不注意被陈长兴发现，陈长兴有感于他的诚意，同时也觉得他资质不错，就收他做了弟子。这个故事被后人不断演绎，到了民国年间，"杨露禅金蝉盗技"的故事已经无人不知。

杨露禅很努力地学习太极拳，十八年前三下陈家沟。出师之后，杨露禅成为了北漂，很快在京城混出了名气，江湖人称杨无敌。杨露禅以及太极拳也就很快地被街头巷尾的老百姓所认识，一时之间，学习太极拳成为了一件很时髦的事情。后来，不但普通百姓要学习，文人雅士和达官显贵们也觉得这种拳法打起来非常漂亮，很有文化韵味，也都来找杨露禅学习。然而，毕竟这些人的体质比较差，他们学习太极拳的目的主要是为了健身而非实战，所以杨露禅对太极拳进行了改革，创编出了适合健身的太极拳。今天在公园晨练的大爷大妈们所练习的大都是杨氏二十四式太极拳。也正是从这时候开始，太极拳才走进了大街小巷，成为全民普及度最高的武术——应该说是健身项目。

内家拳是一种非常个人化的拳法，因为每个人的体质、身高、胖瘦、发力方式等都不尽相同，所以要想成为高手，就必须找到适合自己的练功方式。优秀的内家拳师傅能够很快摸索出你的劲力，然后让你练习适合自己的拳路。如果师父觉得你的拳路不适合自己，或者已经教不了你的情况下，会推荐你去更为合适的师父那儿。太极、形意、八卦同为内家拳，虽然名字各异，发力方式也有所区别，但其原理是一以贯之的。所以在古代武林中，形意拳师父推荐自己的弟子学习八卦掌，八卦掌师父推荐自己弟子学习太极拳并不是罕见的事情。也正是因为这个特点，内家拳是不可能像跆拳道、泰拳一样工厂化的教学的，许多拳师一辈子能带出手的也就三五个徒弟——即使你硬着头皮收了几百个徒弟，最终也还是这个结果——例如咏春拳的宗师叶问，其弟子遍布海内外，通过视频学习他武术的更达到了 200 万人，但能称得上高手的不过李小龙、黄粱、梁璧等数人而已。

　　杨露禅称得上是太极高手，他把太极拳改造成了适合自己练习的模式。在他之后，他的弟子全佑将太极拳传给了自己的儿子吴鉴泉，吴鉴泉由此创编了吴氏太极拳。杨露禅的同乡武禹襄也曾跟随杨露禅学习太极拳，之后，武禹襄创编了武氏太极拳。武禹襄将太极拳传与李亦畬，李亦畬将此传给孙禄堂，孙禄堂将太极拳、形意拳和八卦掌熔于一炉，创编出了孙氏太极拳。而之前提到的陈王廷的好友蒋发在学得太极拳之后，将之传给自己家乡赵堡镇的邢喜怀，由此衍生出了赵堡太极拳。而根正苗红的陈王廷那一支，自然也就被称作陈氏太极拳了。当然，不能忘了武当太极拳。据研究者统计，目前世界范围内太极拳的流派已经有数百家，太极拳的影响力可见一斑。

5. 八极拳

　　形成年代：明清时期

　　创派人物：邋遢道人

　　流传范围：以河北孟村为中心，遍及河

北、山东、京津

　　主要功法：六大开、六合大枪、八极架、八极拳

　　拳法特点：刚猛暴烈、硬打硬靠

　　知名高手：吴钟、李书文、霍殿阁、刘云樵、吴秀峰、马凤图、马英图

　　影响力：★★★★★

　　2013年年初一个爆炸性的消息传遍网络：在王家卫电影《一代宗师》中扮演八极拳高手一线天的台湾演员张震获得了全国八极拳冠军。这是张震苦练八极拳三年的结果。这个新闻也让更多的人了解了张震，也了解了八极拳。

　　在中国的武术圈里，八极拳的知名度其实还是很高的。清末的武术圈有句话，叫做"文有太极安天下，武有八极定乾坤"，足见八极拳的影响力之大。八极拳与太极拳是两种完全不同的发力方式。八极拳以劲力刚猛，出手暴烈而著称于世，往往是出招必见血，其威名也由此传遍江湖。

　　那么，八极拳从何而来呢？这又跟戚继光

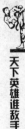

有着密不可分的关系。据八极拳大师刘云樵研究，八极拳的雏形早在明朝就已经产生，不过当时的八极拳并不叫这个名字，而是叫巴子拳。抗倭名将戚继光在他的《纪效新书》里就写道"古今拳家……山东李半天之腿、鹰爪王之拿、千跌张之跌、张伯敬之打、少林寺之棍与青田棍相兼，杨氏枪法与巴子拳棍，皆今之有名者"。刘云樵据此得出结论"八极拳是贯通古今的著名拳法，其发源地是河北省沧县东南乡，在此地俗名'巴子拳'。中国北方，'巴'字的发音与'耙'字相同，而且有时会把'巴'当作'耙'的简体字来使用，因此，'巴子拳'本来是'耙子拳'的意思"。

当然，刘云樵只是武术家而不是史学家，他的这个说法也遭到了有些人的质疑。当下也有某些研究者认为，"巴子拳"的"巴子"二字在北方的方言中含有侮辱性的含义，不太可能是由当地人命名的——最有可能的是，这里的"巴"指的是巴蜀，"巴子"指的是四川人，巴子拳自然也就是四川人练习的武术。结合之前提到的峨眉武术，也可以认为八极拳与峨眉武术之间存在着某些隐秘的关联。

　　无论这个争论结果如何，有关八极拳的创始人和传人还是有着明确的结论的。八极拳的创始人是"邋遢道人"黄绝道长。有关他的记载非常少，只知道他是八极拳的第一代高手，后来将八极拳悉数传授给了丁发祥。丁发祥作为八极拳的第二代传人，最初练习的是查拳、谭腿、戳脚等武功，在遇到黄绝道长之后开始练习八极拳，学到了八极拳的长拳和短打两种技法。依靠此技艺，丁发祥做了回北漂，在机缘巧合之下成为了当时的武林高手，同时也是朝廷名将的达嘛肃王爷的老师。1676 年，俄罗斯的两位大力士来华设擂比武，连挫中国数十名高手。康熙皇帝让手下群臣推荐高手参赛，达嘛肃王爷想到了丁发祥。

　　皇命难为，丁发祥登上了擂台。在避过对方的拳锋之后，丁发祥很快就找出了拳击术的破绽，接连打败了两位大力士。丁发祥由此名震京师，被康熙皇帝敕封为"铁壮士武侠"。那句著名的"文有太极安天下，武有八极定乾坤"也是康熙皇帝此时所书。当时的六部也分别赠送了牌匾，分别是"威镇华夷""神州壮士""尚武世家""年高德劭""乐善好

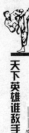

施""唯善最乐"。可惜，这些牌匾在"文革"时期都被付之一炬。丁发祥在此之后将八极拳传授给了癫道人。这位癫道人在记载中同样非常模糊，从名字推测大概又是一位率性的高手，平时不修边幅。这位癫道人又将功夫传给了河北庆云县人吴钟，而八极拳也正是在吴钟的手里发扬光大。

八极拳在最初的几十年里流传的范围并不广，八极拳到了吴钟这一代开始在江湖上有了响亮的名号——这与吴钟的努力也是分不开的。吴钟自幼喜欢武术，周围的十里八乡，他只要听说谁有过人的技艺，都会前往学习。在这样良好的心态下，吴钟的技艺有了很大的提高，甚至超过了他的老师。后来，吴钟又云游四方学到了很多精妙的武功，其中就包括后来八极拳的重要功夫——六合大枪。其间，吴钟也跟许多高手较量过，一一击败了他们，吴钟和八极拳的名气也流传开来。

有一件趣事可以说明当时吴钟的武功有多么精妙。据沧州的地方志记载，吴钟有一次来到北京游玩。当时的恂勤郡王允禵也是自幼练习武术的人，精于大枪技艺，手下的人拍马屁，都说他是天下第一枪。他听说吴钟的大枪技艺精妙卓绝，非常想见识一下，于是差人邀请到了吴钟。吴钟到了王府，自然不能拿真刀真枪与王爷过招。二人便取来木棍，木棍的前端沾满石灰粉。及至比武开始，吴钟嗖的一声抖出大棍，还没等允禵反应过来，吴钟的棍已经收了回来。王爷一摸，自己的眉毛上已经沾到了石灰粉。王爷以为这是幻术，让人更换了木棍，在棍的顶端涂上面糊，结果仍是与刚才一样。这时允禵才知道吴钟的大枪技艺已臻绝顶，当即拜他为师。一时之间，"南京到北京，大枪数吴钟"的说法不胫而走。

吴钟将八极拳传给了自己的女儿吴荣，之后吴家搬到了河北沧州的孟村镇居住，孟村也就成了八极拳的传播地，其地位与温县的陈家沟不相上下。在此之后的百余年中，孟村成为了中国八极拳高手的孵化基地，凡是近代武林中叫得出名号的八极拳高手几乎都有在孟村学艺的经历。在近代的八极拳高手中，以神枪李书文最为出名。李书文的武功究竟高到何种程度，已经很难去描述，你只要知道他的弟子张骧武和马凤图是当年"中央国术馆"的副馆长、

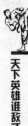

许兰洲是奉军军长和河北武术馆的馆长，他的三个得意门生霍殿阁、李健吾和刘云樵分别是溥仪、毛泽东和蒋介石的贴身保镖就可以了。

经过吴钟等高手们的不断丰富，到清朝末年，八极拳逐渐定型。定型后的八极拳主要以"六大开"和"八打招"为核心。六大开即顶、抱、单、提、挎、缠，分指在拳法演练和应用中不同的发力方法。八打招即人体的头、肩、肘、手、胯、膝、足、尾等八个部位，在八极拳的演练中，尤其是在实战技击应用中，由上述人体的八个部位结合"六大开"所打出的变化多端、往复无穷技击招法的技法理论。八极拳的拳械套路主要有八极架、八极拳、六大开、八打招、四郎宽拳、六肘头、太宗拳、太祖拳、华拳、飞虎拳、春秋刀、提柳刀、六合大枪、六合花枪、行者棒等。

八极拳的威名源自它极强的实战能力。在外行看来，八极拳的拳招并不优美，甚至有些粗俗。例如，在踢法中，一般的门派以侧踢和中高位的鞭腿为主，这样既能够使腿有充分的踢打力，演练出来也很好看。但八极拳的踢法被称为"搓踢"，要求"行步如趟泥，脚不过

膝"。搓踢虽不如其他的腿法有杀伤力，但是
却意在用踢绊破坏对手的重心，用不强的劲力
巧妙地达到击倒对方的效果，更为重要的是，
搓踢极为隐蔽，成功率非常高。

八极拳的实战性不仅仅体现在劲道的刚猛
和技击技巧的丰富上，作为一种脱胎于军营的
拳法，八极拳充分利用一切可以利用的条件去
进行格斗。例如八极拳中有这么一招：练习者
俯身弯腰抓地，然后猛地起立，双手向前迅速
打出，接着以爆肘和踢腿不间断地攻击对方。
这一招的作用为很多武师所不解，认为弯腰抓
地的动作没有任何实战价值，而且还浪费了时
间。但根据八极拳大师吴连枝的讲述，这一招
实际上是从战场上演化出来的，练习者弯腰抓
地的目的是为了抓取地上的沙土，然后抛向对
手的眼睛，趁对手睁不开眼睛的时候迅速上
前，以威力极大的爆肘等方式攻击对手要害
——显然，若非战场上的生死搏杀，顾及到面
子，一般的大侠不会用这一招。见微知著，由
这一招便不难看出八极拳的实战力。

虽然八极拳的动作刚猛，但其仍然属于内
家拳。在几百年的发展中，八极拳也与其他的

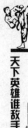

内家拳不断交流融合，有着强大的生命力。例如，八极拳动作刚猛，然而失之灵活；通背拳灵活迅捷，然而较之八极拳又缺乏足够的力量。因此，八极拳的许多大师们历来都重视劈掌的练习。八极拳的拳谚中说道："八极加劈挂，鬼神也害怕；劈挂加八极，神仙也难敌"。八极拳的一代宗师李书文更是将劈挂掌练到了炉火纯青的境地，其一个突跨能在眨眼间前进数米，往往对手还没看清他的影踪，就已经倒在了他的重拳之下，这与长期的劈挂掌的练习是分不开的。李书文在教弟子练习劈挂掌的时候说"若要鬼神怕，八极加劈挂"。

时至今日，公安、武警、军队所教授的格斗术中，也有相当一部分招式是源自于八极拳，足见八极拳的适用范围之广。自吴钟之后，八极拳在河北孟村代代传承，尤其是吴钟的后人，高手辈出。吴钟的后人吴会清八极拳练得炉火纯青，打破了八极拳"教拳不授拳理"的传统观念，编纂了八极拳的许多书籍。吴会清的儿子吴秀峰幼时耳聋，自幼随父亲习武，后来曾经在江西苏区做过红军的武术教练，在武术史上也是重要的人物。吴秀峰的次子吴连枝也是八极拳高手，是当时国内八极拳界的标杆性人物。

6. 形意拳

形成年代：明清时期

创派人物：岳飞（名誉祖师）、姬际可（创派祖师）

流传范围：山西、河南、山东、河北

主要功法：五行拳、十二形拳、八式拳、四把锤、单刀

拳法特点：直来直往、雄浑大气、刚猛迅速

知名高手：郭云深、李存义、戴龙邦、尚云祥、孙禄堂

影响力：★★★★★

略知中国武术的人说到内家拳，言必称"形意、太极、八卦"。这三种拳法在晚清时期的影响力不相上下，被时人称为"内三家"。作为中国武术的重要功法，形意拳的流出范围颇广，历代高手辈出。最为重要的是，形意拳的高手们不太有门第之见，对于带艺投

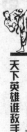

师者，他们一视同仁，而对于那些更合适练习其他拳法的人，他们也会主动引荐——甚至在清朝末年，形意拳的高手李存义和八卦掌的高手程廷华交往甚密，双方都要求自己的门徒去学习对方的武术，他们的弟子所练习的功夫被后人称作"形意八卦掌"。正是因为如此，形意拳才能在数百年的发展中不断壮大，最终枝繁叶茂，成为内家拳中影响最为深远的拳法之一。

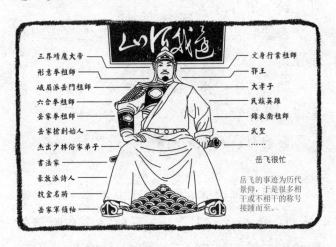

三界靖魔大帝　　　　　　　　文身行業祖师
形意拳祖师　　　　　　　　　鄂王
峨眉派岳門祖师　　　　　　　大孝子
六合拳祖师　　　　　　　　　民族英雄
岳家拳祖师　　　　　　　　　锦衣卫祖师
岳家枪創始人　　　　　　　　武聖
杰出少林俗家弟子　　　　　　……
书法家
豪放派诗人　　　　　　　　　岳飞很忙
抗金名將
岳家军領袖

岳飞的事迹为历代景仰，于是很多相干或不相干的称号接踵而至。

有关形意拳的来源，武术界的看法是比较一致的，大多数人都认为其创始人是清初的山西人姬际可，发源地是山西省太谷县。但在形意拳内部，却将岳飞作为自己的祖师。话说在中国古代，找个名人来当自己的祖师是可以理解的，像岳飞这种德艺双馨的重量级名人历来也是许多门派争抢的对象。之前提到的峨眉派岳门同样尊岳飞为祖师，如今在华南地区流传的岳家拳派也尊岳飞为祖师。当然，形意拳尊岳飞为祖师也还是有着自己的理由的。

岳飞的祖籍是河南汤阴。如果你还记得之前提到的少林武术的话，就应该对于少林武术的发展脉络还有印象。在宋代，少林武术是中原地区最为重要的武术门派之一，基本上河南人练武术练的都是少林武术。岳飞在领兵作战之后，将少林拳法融入到军队的训练中，增强了少林武术的杀伤力和实战能力。后来有一部分岳飞部队的士兵退役之后，就把岳飞的拳法撒播到了全国各地。姬际可虽然生活在清朝，但曾经到少林寺学习过"心意把"，精通六合大枪，也算是与岳飞的武术同宗同源。之后又因为机缘巧合得到了岳飞的拳谱，便将岳飞的枪术化为拳法，融合此前的少林武术，创立了形意拳。从这个流传的过程来看，形意拳尊岳飞为祖师也并非是单纯的争抢名人。

无论岳飞是不是形意拳的祖师，这都无损

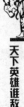

于形意拳的知名度。在内三家中，太极拳中正安舒，出拳和行走的轨迹是弧线；八卦掌神鬼莫测，以八卦方位为练习的指引；形意拳却是直行直进，直来直走。形意拳的这种打法可以看出明显的战场风格，毕竟在千军万马的战场中，千万人挤在一起，想要闪展腾挪也没有那么大地方，更容不得你摆开架势，观察上半天敌人的破绽。在这种情况下，唯有不管不顾，尽自己的全力，以最简单的招式最快速的击倒敌人才是王道。因此，形意拳的高手们与人搏击历来讲究"留情不出手，出手不留情"，一旦动手必是杀招。在搏击的过程中，除了过硬的功夫外，最重要的是过硬的心理素质。形意拳大侠们与人搏击时都是贴身搏斗，所谓"打人如亲嘴"，格斗策略也是"不招不架，只是一下；犯了招架，十下八下"。在大侠们看来，"招架"意味着你的心里还留有对敌人的畏惧心理，是很难做到尽全力搏击的。古代的江湖上曾说"形意一年打死人"，足见形意拳的威力。

形意拳的拳劲刚猛迅速，出手快如闪电。与很多武术门派一样，形意拳也讲究站桩。不过形意拳的桩既不是马步桩也不是虚步桩，而是形意拳独有的三体式。三体式又叫做三才式，寓意天地人三才。三体式的站法是两手相抱，头往上顶，开步先进左腿。两手徐徐分开，左手往前推，右手往后拉，两手如同撕棉之意。左手直出，高不过口，伸到极处为度。大指要与心口平，胳膊似直非直，似曲非曲，惟手腕至肘，总要四平为度。这样站好之后，全身的内劲相互作用，能够很好地锻炼肌肉，调整呼吸。三体式讲究肩与胯、肘与膝、手与足的劲力要合到一处，即外三合；心与意、意与气、气与力要合到一处，即内三合。这便是形意拳所讲究的三才六合。此后在河南地区广为流传的心意六合拳也正是此意。

形意拳的基本功夫是五行拳和十二形拳。五行拳即劈、崩、钻、炮、横五种拳法，分别对应金、木、水、火、土五行。五种拳法的练法都非常简单，所练习的是五种不同的劲力：劈拳练习的是双臂下劈的力量；崩拳直来直去，"打拳如放箭"；钻拳练习的是向上的击打能力，同时螺旋形的发拳方式还具备了极大地穿透力；炮拳又叫炮锤，是形意拳里的重拳

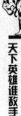

拳法；横拳之"横"并非指的是拳招的方向，而是让练习者要练出横向的劲力，就像是用铁犁犁地，虽然犁的方向是向前的，但犁上的土却是向两边分开的。练习出这五种劲力之后，就可以从容地应对各种招式，确保自己没有发力死角。除此之外，五行拳也还有着一定的健身效果。根据中医理论，人的肺、肾、肝、心、脾五脏分别对应金、木、水、火、土五行，如果你的哪个器官比较虚弱，可以通过练习五行拳里相对应的拳法来进行调整。比如你的肾有些虚弱可以多练习一下崩拳，肝功能不好可以多练习一下钻拳。

十二形拳，顾名思义，是模仿十二种动物的动作来练习的套路。这十二种动物分别是龙、虎、猴、马、鸡、鹞、燕、蛇、鼍、鸟台（合成字，至今已经无人知晓这是一种什么样的鸟）、鹰、熊，由形意拳发展而来的心意拳则有十大形拳，这十大形分别是：龙、虎、鸡、鹰、蛇、马、猫、猴、鹞、燕。在形意拳的十二形中，龙是虚构出来的动物，所谓的龙形实际上只是一些对于龙的幻想创造出来的套路，鼍（音驼）指的是扬子鳄。除了龙之外，其他的十一种都是模仿自然界的动物的套路。十二形拳抓住了动物身上的某些特点，如龙之精、虎之猛、猴之灵、燕之轻等。这些动物的发力方式也为形意拳所借鉴，如马形模仿的是马抖毛时的状态，身子微微一晃便有无穷的力量。再例如，鳄鱼捕食的过程，如果你小时候经常看《动物世界》的话，会比较熟悉——鳄鱼会咬住猎物，然后在水中不断地翻滚，把猎物撕碎，这就是众所周知的"死亡翻滚"。形意拳模仿了这个动作，练时要求以腰为轴，用腰劲带动四肢。

形意拳的十二形拳各有偏重，每一种形都有自己的歌诀，如龙形"龙形属阴搜骨能，左右跃步用柔功。双掌穿花加起落，两腿抽换要灵通"；虎形"虎形属阳力勇猛，跳涧搜山它最能。抢步起时加双钻，双掌抱气扑如风"；猴形"猴形轻灵起纵轻，机警敏捷攀枝能。叼绳之中加挂印，扒杆加掌向喉中"。某些形意拳大师还会让自己的弟子亲身观察这些动物，去体会他们的发力特点。作者李仲轩出版的那本《逝去的武林》中，就提到有位形意拳大师为了让弟子更好地领会猴形的特点，

亲自养了一只猴子，让徒弟仔细观察猴子攀爬跳跃的动作，然后加以模仿。当然，这种教学方式在今天已经绝迹了。

十二形拳的练习因人而异，可以根据自己的具体情况来选择。比如你身形瘦小，那么燕形和猴形是比较好的选择；如果你身形高大健壮，那么龙形、虎形就比较合适；假如你身材较胖，那么马形和熊形就会比较好的发挥你的身体优势。当然，每个师父的个人理解也有所不同，他们也会根据自己的理解让徒弟们练习一些拳法。一般而言，在十二形拳中，龙、虎、猴、燕、鹰、熊属于必修课，另外六种属于选修课。

形意拳的主要套路有五行连环、杂式锤、八式拳、四把拳、十二洪锤、出入洞、五行相生、龙虎斗、八字功、上中下八手。对练套路有三手炮、五花炮、安身炮、九套环。器械练习以刀、枪、剑、棍为主，多以三合、六合、连环、三才等命名。

形意拳的传承脉络十分清晰。据史料记载，形意拳由姬际可创立之后，传给了曹继武和马学礼。曹继武传给了戴龙邦，戴龙邦传给了戴二间，戴二间传给了李洛能。李洛能的拳法十分高超，被当时的武林人士叫做神拳李洛能。形意拳到了李洛能的手里开始发扬光大，李洛能一生弟子众多，其中称得上高手的有八个人：车永宏、宋世荣、宋世德、李广亨，郭云深、刘奇兰、刘晓兰、贺运恒。这八个人在后来的武林中都是有响当当的名号的。后来八个弟子又分别收徒，最终将形意拳的名号流传开来，成为中国武术中最知名的拳法之一。

7. 八卦掌

形成年代：嘉庆道光年间

创派人物：董海川

流传范围：北京、天津以及华北各省

主要功法：老八掌、鸳鸯钺、十八趟罗汉手、七十二暗脚、七十二截腿

拳法特点：形如游龙，视若猿守，坐如虎踞，转似鹰盘

知名高手：董海川、马维棋、史计栋、程廷华、宋长荣、樊志涌、梁振圃、刘凤春

影响力：★★★★★

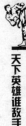

在中国武术里，八卦掌是一门比较年轻的武术。即使从它的创始人董海川出生算起，至今也不过二百年的时间。金庸在《雪山飞狐》《书剑恩仇录》里写男主角们跟八卦掌高手对敌，但那个时候，连八卦掌的创始人董海川都还没出生。不过，假如你有兴趣，完全可以以董海川的人生经历为题材写一本小说——他的经历比小说里的主人公还要丰富。

八卦掌又被称作游身八卦掌、八卦连环掌，是一种以掌法变换和行步走转为主的拳术。从这个名字里，你应该能看出它跟道家武术之间的某些隐秘关联。在武当武术中，也有以八卦来命名的武功套路，其基本风格与八卦掌也非常类似。八卦掌的拳路介于形意拳与太极拳之间，既有太极拳的柔和，又不乏形意拳的刚猛，受到许多大侠们的喜欢。八卦掌以八卦的八个方位为运动的路径，因此在攻击时常常能够出其不意，极其适合与人缠斗，很多八卦门之外的大侠也常常练习八卦掌以求让自己的身法更为灵活。

八卦掌的身法究竟可以灵活到什么程度呢？有一个有趣的故事可以说明。1922年，张作霖准备聘请八卦掌名家宫宝田担任奉军的武术教练。等到见了面之后，看到宫宝田身材瘦小，似乎是弱不禁风的样子，张作霖略有不悦。宫宝田看出了张作霖的怀疑，便提议将自己作为靶子，领教一下张作霖的枪法。这个提议让在座的人相当惊异，以为宫宝田喝酒上了头。张作霖虽然怀疑宫宝田的武功，但这种玩命的提议，他也不敢答应。宫宝田再三要求之下，张作霖勉强同意。于是一行人来到花园，张作霖拔出手枪，宫宝田站在二十步外。张作霖喊了一句"打你左肩"，扣动了扳机，结果宫宝田只是原地不动，微微侧身，而后张作霖又打宫宝田的右肩，同样被宫宝田避过。趁张作霖愣神的瞬间，宫宝田一个拧身，眨眼间便到了张作霖眼前。这身手让其他人十分佩服，宫宝田也九次成为了张作霖的贴身保镖。

目前武术界普遍认为八卦掌是由董海川所创，这种说法固然没错。然而，与之前的太极拳、形意拳等拳法一样，在董海川之前已经有八卦掌的雏形在流传了。据《蓝簃外史》这本书记载，在嘉庆年间，山东济宁人冯克善师从王祥学习拳法，尽得真传。十多年后，有一

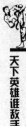

位名叫牛亮臣的人看到冯克善练习的武术其步法为八方步，就跟冯克善说："你的步法好像是合着八卦"。

冯克善说："你怎么知道？"

牛亮臣说："我练的是坎卦。"

冯克善说："我练的是离卦。"

牛亮臣说："既然你练得是离卦，我练的是坎卦，那我们可以互相切磋和学习一下。"

牛亮臣和冯克善聊天的时候，董海川不过是个十几岁的孩子。从这二人的聊天中，可以知道当时已经有人在传授以八卦为拳术理论的拳法。当然，中国武术与《周易》的关系历来非常密切，太极拳、形意拳等很多武术也都从这本书里找到了理论依托，二人所练习的也有可能是某种其他的拳法，只不过这种拳法依照八卦的方位分成了八个不同的套路。此外，中国古代的武师们很多时候是不会轻易把绝学传授给弟子的，通常只教给他们部分内容。从上面的对话来看，两个人的师父分别只教给了他们一路拳法，的确不怎么地道。

那么董海川又是怎么学到八卦掌的呢？根据董海川墓志铭的记载，董海川是河北文安人，世代务农。董海川从小颇具豪侠之气，喜欢扶危济困。长大之后开始游历四方，曾经到过江浙、四川等地区。在这期间也学习了一些功夫，了解了道家的武术理论，而后将这些东西融会贯通，终成一代武术名家。后来，董海川在家乡因打抱不平犯了官司，遂来到京城，隐姓埋名到肃王府中做了一名杂役。在一个很偶然的机会下，董海川露出了自己的功夫，让肃王爷大为吃惊。当肃王爷问他所练的功夫是什么名字时，董海川想到自己的武功暗合八卦，就临时起了个八卦掌的名字。至此，八卦掌也就算正式地登上了武术史的舞台。

董海川所创立的八卦掌的基础是八母掌，也就是八卦门的人常说的老八掌：单换掌、双换掌、顺势掌、背身掌、翻身掌、磨身掌、三穿掌和回身掌，据说这八掌与形意拳的十二形拳类似，也有人将老八掌称作狮、鹿、蛇、鹞、龙、熊、凤、猴八形拳。经过不断的传承，八卦掌也有一些流变，某些地区的老八掌中也有双撞掌、摇身掌、穿掌、挑掌等内容。八掌之间可以不断地转换、交替使用，素有一掌生八掌、八八六十四掌之说。此外，八卦掌

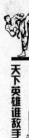

的基本掌形有两种，一种是半握拳状的龙爪掌，另外一种是向上平摊的牛舌掌，董海川将两种掌法分别传给了不同的弟子，形成了八卦掌内最初的两大流派。

八卦掌的基本步法是蹚泥步，要求起落平稳，摆扣清楚，虚实分明，行步如蹚泥，前行如坐轿，出脚要摩胫。许多人对于八卦掌的直观印象是练习者摆着虚步在地上不停地转圈。这种练习方式在八卦掌内叫做走圈。走圈时，内脚直进，外脚内扣，两膝相抱，不可敞裆。身法讲究拧、旋、转、翻，圆活不滞。八卦掌的走圈，有时也会借助梅花桩等工具来进行。基本用法是将木桩埋在地上，然后将木桩假想成敌人，在其中不断游走。久而久之，可以令身法灵活，出其不意地击倒对手。据说董海川有一次在塞外路遇挑战者，对方数人将董海川围在中间，准备群起而攻之。董海川则不慌不忙，在几人中快速穿插，将其一一击败。观者无不称其神勇无敌。

董海川的徒弟众多，其中功夫最高的当属尹福和程廷华。尹福是河北冀县人，幼年就来到了北京，在北京朝阳门外以卖烧饼油条为生。董海川教给尹福的掌法是牛舌掌，这种掌法的特点是屈腿蹚泥，以自然步走转，步子小，趋于疾行，横开斜进，拧翻走转，进退直接，多穿点，动作刚猛，以冷、弹、脆、快、硬见长。尹福所传承的这一系被人称为"尹派"。另外一位高手程廷华是河北深县人，也是自幼来到北京。程廷华在北京学习的手艺是做眼镜，所以被后人称为"眼镜程"。程廷华学到的是龙爪掌，这种掌法屈腿蹚泥，横开直入，拧翻走转，舒展稳健，劲力沉实，刚柔相济，善摆扣步，以推、托、带、领、搬、扣、劈、进见长，螺旋力层出不穷，拧裹劲变化万千。程廷华与形意拳高手李存义相交深厚，鼓励自己的弟子学习对方的武功，创立了"形意八卦掌"，一时成为江湖美谈。从这两个徒弟的掌法中逆推过去，可以看出董海川能够将这两种截然不同的劲力融于一身，其功夫之高可以说鬼神难测。

八卦掌最值得一提的是五花八门的奇门兵刃。在前面的兵器一节中，我们已经了解了八卦掌的独门兵刃——鸳鸯钺。有关鸳鸯钺的外形和技法，可以翻看前面的章节，在此就不多

125

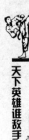

说了。除了鸳鸯钺之外，八卦掌还有鸡爪钺、风火轮、判官笔等兵器。其中鸡爪钺是一种将钩、剑、刀、枪、拐融为一体的兵器，有多种技击方法，可以有效地攻击对手。风火轮又叫做八卦风火轮，也是董海川所发明的一种兵刃，它的基本造型是在一个弯曲的剑上加装一个开刃的圆环，在格斗中也有多种多样的用途。如此看来，董海川不但是个大侠，还是可勤于动手的发明家。

8. 自然门

形成年代：晚清

创派人物：徐矮子

流传范围：四川、福建

主要功法：令牌式，鸦雀式，捻步，翻锤，撩打，削掌，靠打

拳法特点：简单直接、圆转灵活

知名高手：徐矮子、杜心五、万籁声

影响力：★ ★ ★ ★

电影《十月围城》讲述了一个各种义士舍命保护孙中山的故事。这个电影固然很让人

感动，然而在真实的历史里，孙中山也没必要
如此东躲西藏，因为孙中山的身边有一个绝顶
高手做保镖，他就是民国年间的武术宗师，人
称"南北大侠"的杜心五。早在民国初年，
杜心五在武林中已经是如雷贯耳的人物，但是
杜心五的出身和经历却是一个很大的谜团。这
也不怪江湖中人，因为杜心五所练习的功夫门
派叫做自然门，而这个门派直到今天仍然显得
颇为神秘。

　　自然门的创立者是晚清时期的一位大侠。
不过，从这位大侠的相貌来看，这位宗师级的
人物离"高富帅"还差着十万八千里。据传，
这位大侠姓徐，是贵州人。当年西南地区的人
营养水平普遍较差，所以这位徐大侠的个子很
矮，据说他只比八仙桌高一头，差不多也就是
一米二三的样子，而且这位大侠的长相也不敢
恭维——长了一张坏人的脸，用史料的话说叫
做"貌褒"。江湖上的人都把这位大侠叫做
"徐矮子"。

　　大侠徐矮子因为身材短小，为了不被人欺
负，从小就练习各种武术。当时在西南地区流
传最广的是峨眉派，徐矮子学遍了峨眉各门派

127

的武术，还练习了各种软硬功夫。到了成年的时候，徐矮子已经是个绝顶高手。然而在外人的心目中，徐矮子依然是个"矮穷挫"的三无青年。徐矮子一怒之下，决定不跟这些人一般见识，隐居到深山之中潜心修炼，最终将各门派的武术融会贯通，创立了一种前所未有的武学体系。

徐矮子注意到当时的中国武林虽然门派众多，但很多陋习因袭已久，常常误人子弟。例如很多门派过于强调招式，而且门派的观念较重，弟子间的攻防、过招都必须严格按照师门的传承进行，如果弟子练习了其他门派的招式就很有可能被赶出师门。对于这一点，后来的武侠小说里描写的是非常具体的。这种练习培养出来的高手即使能够战胜本门的师兄弟，但在面对其他门派的招式时难免捉襟见肘，一败涂地。因此，徐矮子认为真正的武术练习不能够拘泥于招式，武术的本质不过是攻防格斗而已。武术的练习最重要的应该是练习劲力、内功和不断的实战。出于这种考虑，自然门的武功摒弃了各种繁杂的套路，以练功为要义，所有的招式以功力为根本，在打法上则讲究自然灵动。

徐矮子从一个不受人待见的"武大郎"成为开宗立派的一代宗师，演绎出了一场完美的逆袭。从徐矮子、董海川等人的经历中，也可以看到，如果你也想成为开宗立派的一代宗师的话，那么就必须要善于学习和总结，艺多不压身这句话是绝对的真理。

自然门的功夫不为人所知的另外一个原因是，自然门的功夫最开始是单传。徐矮子将自己的功夫传给了杜心五。杜心五在跟徐矮子学艺之前已经学过一些功夫，他的一个朋友推荐他去跟徐矮子学习功夫。当杜心五第一次看到徐矮子的时候，也被吓了一跳。虽说人不可貌相，但是徐矮子的相貌跟一代宗师的样子也差得太远了。杜心五也开始怀疑徐矮子的武功，经常在练功之余偷袭徐矮子，但都被徐矮子轻松避过。杜心五这才相信徐矮子的功夫，一心一意地跟随徐矮子学习。

杜心五学成之后前赴日本留学，结识了宋教仁、孙中山等人，最后成为了孙中山的保镖。他跟随着孙中山走南闯北，保驾护航，打退了不少刺客和暗杀者，自然门功夫也由此为

人所知。

到了杜心五这一代，自然门的功夫已经基本成型，基本的掌势包括令牌式、雅雀式、回身式、长手推掌、捻步、翻锤、撩打、削掌、上山虎、靠打、炮闪、平胸掌收式等姿势。自然门功夫的基本功为内圈手。内圈手的练法是侧身站立，自然放松。左脚在前，右脚在后，双腿微曲，重心落于右腿，左脚虚点地，成左虚步。同时，右手横掌按于左腹前，手心向下成阴掌，左手向左侧前外撑，掌心向上成阳掌，双臂圆活，自然放松。内圈手也是自然门练习轻功的手法之一，在之前轻功的章节中已经有所介绍。自然门的很多高手都能够在簸箕的边沿上行走，这便是苦练内圈手的结果。

自然门以功力为先，也没有什么固定的技击套路，一切全凭功夫到了之后自然的反应。当然，在日常的教学中，还是会有一定程度的对练。自然门的打法可以概括为19个字，即：生、擒、捉、拿、闪、躲、圆、滑、吞、吐、浮、沉、绵、软、巧、脆、化、妙、神。不同的打法有不同的歌诀作为指导。如打法的十六字歌诀为"生擒捉拿、闪躲圆滑、吞吐浮沉、绵软巧脆";短手的八字歌诀为"挥、劈、撩、砍、搂、闪、展";软硬功夫的歌诀为"掌须断石、骈须穿极、踹须破竹、手似铜钩、身如铁石、硬则如钢、软则如胶、重则如生根、轻则如走冰、手出一条线、打出人不见"。

真正把自然门功夫介绍给世人的是杜心五的徒弟万籁声。万籁声是湖北人,幼时便喜欢武术。13岁时随父亲进京读书,四年后考入大学,就读森林系。在读书期间,万籁声的功夫也没有放下,他曾拜沧州神枪手刘德宽的高徒赵鑫洲为师,练就了一身软硬功夫。在校期间的万籁声成绩优异,毕业后留校任教,成为学校的讲师。此时的杜心五因为政治局势的影响,离开了官场,被调到农事传习所任气象学教授。二人所学的专业就比较接近,而又都是教师,一来二去,万籁声也就听说了杜心五。不过,万籁声听说的版本是:有个叫杜心五的人,武功很高,但神经有点不正常。

万籁声怀着好奇心拜访了杜心五,却被杜心五直接拒绝。在三番五次的恳求之后,杜心五最终同意收万籁声为徒,将自然门的绝技倾

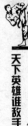

囊相授。万籁声学得自然门的功夫之后，又拜"神腿"刘百川、意拳的创始人王芗斋、王荣标等人为师，悉得真传。在北京求学的八年中，万籁声几乎把课余的所有时间都用来练功。八年之后，万籁声已然是汇通南北的卓然大家——尽管这一年，他才 20 岁。

1928 年，万籁声代表北京参加在南京举行的国术会考。临行之前，杜心五将自己随身的短剑送给万籁声以作纪念。万籁声感动之余，拜别老师，南下比武，最终取得了优异的成绩。然而此后的三十年间，万籁声与杜心五竟未能再聚。在南京国术会考中，万籁声的高超武艺引起了许多人的关注。时任两广总指挥兼广东省主席的李济深为万籁声的功夫所折服，聘请他担任两广国术馆的馆长，授予他少将军衔——这一年的万籁声只有 25 岁。这样的成绩该让多少年轻人汗颜。

万籁声到达广州后，当地的高手们自然不会相信一个 25 岁的年轻人有这样的功夫，于是纷纷上门挑战。为了在广州立住脚，万籁声公开接受了比武的邀请。在接下来的几场比武中，万籁声使出自然门的功夫将这些挑战者迅速击败，在场观众无不叹服。

25 岁、少将、武术冠军、大学生、高校老师……当这样的标签贴在万籁声身上时，这个从湖北乡下走出来的年轻人已然成为了当时的国民偶像。

万籁声的偶像之路还没有就此结束。在这一年，万籁声将自己十多年来的所学整理成书公开出版。这本书的名字不是什么《自然门武功辑要》之类，而是霸气外露的《武术汇宗》。在这本书里，万籁声主要介绍的是自然门的功夫，但也将自己学习六合枪、形意拳、八卦、太极、猴拳、劈卦、罗汉、南拳、暗器的心得融合进去。实际上，自然门本来就是一门博采众长而创立的功夫，练习的功夫种类越多越能更快地体会自然门武功的精要。当然，即使在外行看来，一个人能够懂这么多门功夫，那也是相当了不起的事情。

就这样，《武术汇宗》成为了当时的畅销书，万籁声也就此树立了自己能文能武的全能型人才的形象，人气指数再次急剧飙升。

李济深下野之后，两广国术馆解散，万籁声离开广州，辗转于中国各地，继续传授自然

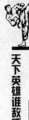

门的功夫。抗日战争期间，万籁声先后担任过重庆中央训练团武术总教官、湖南国术训练所所长、广西大学体育部主任、永安体育师范学校校长，福建省等地学院体育教授等职务。新中国成立后，万籁声改行成为了医生，教拳授徒只在闲暇时间进行。在这之后，万籁声又写出了《药功秘》《自然拳法汇宗》等书，为自然门功夫的传播做出了极大的贡献。

9. 咏春拳

形成年代：清朝

创派人物：五枚师太、严咏春

流传范围：广东、福建、香港

主要功法：冲拳、标指、木人桩、黏手、六点半棍、双飞蝴蝶刀

拳法特点：快速凌厉、简单直接

知名高手：严咏春、梁赞、陈华顺、叶问、黄粱、李小龙

影响力：★★★★★

如果现在问你，中国的哪种武术在世界上的普及度是最高的，恐怕很多人第一个想到的

是太极拳。这也不难理解，毕竟这种漂亮又健身的拳法想不获得认可也难。但现实情况是，真正在国际上最有影响力的却是咏春拳。咏春拳的普及与巨星李小龙的流行不无关系——不只是外国人，就连很多中国人也都是在李小龙之后才了解咏春拳的。

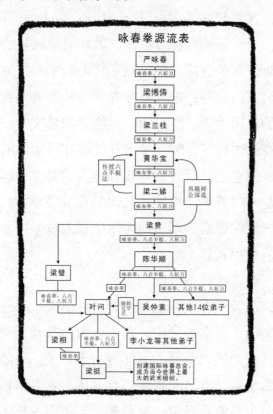

咏春拳源流表

从另一方面来说，咏春拳的普及与它本身也有着很大的关系。在中国的武术中，咏春拳是一门很特殊的武功：首先，它不像太极拳、八卦掌、形意拳等充斥着五行、八卦、《周易》的理论，搞得玄之又玄，也不像洪门那样有帮派组织作为依托，它只是一门简单的武术，理解起来非常容易；其次，在技击方法上，咏春拳讲究进攻中线，破坏对手的重心和平衡，简单直接地揭示出了技击的本质，颇受外国人的欢迎；第三，咏春拳的传播者们在一开始就用力学、生理学、生物学的相关知识对咏春拳进行了分解，让老外能够在最短的时间内掌握它。总而言之，在外国人的眼中，咏春拳是一门简单、直接、高效的近身格斗术，许多国家的警察、军队搏斗术中也大量采用了咏春拳的招式。

虽然咏春拳以简明著称，然而关于它的来历，却极少有人能说得清楚。目前关于咏春拳的来历，有多种说法：有人认为此拳是福建永春县人严三娘所创，因此得名永春拳，后经过不断传播，改名咏春拳；有人认为咏春拳得名于南少林的永春殿，永春拳是当年南少林和尚

学习的拳法，南少林被毁之后，永春殿总教练
至善禅师逃到佛山，在一艘唱粤剧的红船中躲
避，将此拳法传授给了戏班中的很多人，因此
此拳得名咏春拳；也有人认为咏春拳与以上两
者都没有关系，它原来是天地会的一门功夫，
为河南嵩山少林寺的弟子们所创，后来在粤剧
戏班间流传；也有人认为此拳的前身是南少林
的鹤拳，后由永春县人严三娘传至广州，此拳
便被当地人称为咏春拳。当然，目前流传最广
的一种说法是五枚师太观蛇鹤相斗创立了拳
法，将这套拳法传给了严咏春。

　　中国武术的传说历来很多，让人难辨真
假。不过，所有的传说都有现实的依据。上面
的几种说法虽然扑朔迷离，却仍然有些线索
可循：

　　首先，无论是五枚师太还是至善禅师，咏
春拳与南少林武术之间都有着许多关联。武术
界的大多数人认为咏春拳脱胎于少林武术中的
鹤拳，此拳是模仿鹤捕食、争斗的动作而成，
所以也才有了所谓观蛇鹤相斗而创拳的说法。

　　其次，咏春拳最初是由女人传承的，因此
这种拳法较为省力，讲究四两拨千斤。

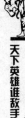
再次，这种拳法早期流传于粤剧的戏班之中。北方多走马，南方多行船，粤剧戏班要四处唱戏，常年生活在船上，练功的环境有诸多限制。同时，立在船头的撑船用的竹篙也成了戏子们练功用的工具，戏子们以此为假想敌练习各种攻防技术，这就是木人桩的雏形。

正因如此，咏春拳的功法套路也比较特别。在步法上，咏春拳所采用的站姿叫做二字钳羊马步，这种步法运动幅度很小，即使在晃动的船上也可以站得很稳固。咏春拳的很多器械也很有特色，例如咏春拳的功法之一双飞蝴蝶刀——这种刀法所用的刀十分短小，长不过一尺，重量也轻，很适合女性携带，也便于在船舱、酒楼、窄巷等狭窄环境中搏斗。除此之外，咏春拳的其他功法也注重简单直接地搏击，以咏春拳的代表功夫六点半棍为例，这套棍术朴实无华，由六招半最为实用的打法组成，演练起来十分简单，非常容易掌握，但在格斗中却非常有效。

咏春拳的基本内容包括小念头、标指和寻桥三套拳，以上、中、下三搒手为基本动作。身形要求护裆，沉肩，落膊，抱拳，护胸。主要手法有挫手、撩手、三搒手、左右破排手、沉桥、黏打。主要步法有三字马、追马等。攻防中多采用闪身、贴身、紧迫和紧打，动作敏捷，快速，刚柔相间。对于这些，看过电影《叶问》的读者想必已经非常熟悉。

在咏春拳的功夫中，最值得一提的是黏打和寸拳，这两项功夫可以看作是咏春登峰造极的标志。黏打乍看起来，与太极拳的推手类似，都是对练的双方在互相的进退中感知对方的劲力，只是运动过程比太极拳更为快速凌厉。而之所以将这种对战称作黏打，是因为高手们可以像黏住对手一样让对手发不出劲力，他们本人却可以随时找到破绽击败对方。很多咏春拳大师可以做到蒙住双眼与对方过招，全凭双手对劲力的感知来格斗，技艺可谓炉火纯青。

至于寸拳，由于李小龙的推广，它早已不是什么秘密。咏春拳的拳势比较紧凑，与人对战往往都是贴身搏斗，在这种情况下，掌握近身的发力技巧就显得尤为重要。上面说到的黏打可以视为一种"防"的技术，而"攻"的技术自然就是寸拳——或者说寸劲了。咏春拳

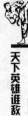

于尺寸之间发力的秘密在于先用腿蹬地，将力量上传至腰，然后拧腰，将腰与腿的力量上传至手臂，最后手臂发力，将三股力量合到一处，其威力自然不可小觑。

咏春拳的传承脉络十分清晰，严咏春将这套拳法传给了自己的老公梁博俦，梁博俦将此传给黄华宝与梁二娣，梁二娣将此拳传给了梁赞。梁赞是咏春拳发展过程中的关键人物，他的武德和武艺俱臻上品，时人称之为佛山赞先生。梁赞最得意的弟子是陈华顺——陈华顺后来成为了叶问的师父。靠着叶问和李小龙两位宗师级人物的推广，咏春拳从广东一隅散播到世界各地，从不过千百人练习的拳法成为数百万人争相学习的格斗术。当然，咏春拳的传播与天时地利也不无关系：香港当时还是英国的殖民地，英语是官方通用的语言，叶问在抗战期间到香港避祸，香港人很快就把咏春拳法用英语编译出来，传到了世界各地——看来，掌握一门外语还真是很重要的。

10. 洪拳

形成年代：清初

创派人物：不详

流传范围：广东

主要功法：桥手、虎鹤双形拳、虎拳、棍法

拳法特点：以身调气、以气催力、刚猛无匹

知名高手：洪熙官、黄飞鸿、黄麒英、林世荣

影响力：★★★★★

在武侠小说中，江湖与朝廷历来是互相敌对的两个世界，许多败类靠着出卖江湖同道进入了朝廷，也有一些朝廷官员看透世事而退隐江湖。在真实的历史中，事情往往没有这么狗血，在朝廷中讨生活的大侠也不在少数，然而大侠们或者一门武术很少能对历史产生什么重要的影响，最多不过是为自己门派的故事里添一段有趣的谈资。然而，洪拳却绝对是个例外——因为它所依托的帮派组织是三合会，这个三合会又叫做洪门，是清朝时期最大的地下帮派组织，最后还为孙中山筹建党派提供了大量的帮助。

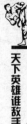

如果你没有听说过三合会这个名字也没必要觉得自己孤陋寡闻，因为三合会只是一个马甲账号，江湖中人对它的别称是：天地会。

据说洪拳的来源与洪门有着紧密的关系。说到这里，有必要先介绍一下洪门。很多人以为洪门是因传习洪拳而得名，但恰恰相反，洪拳是因它是洪门所传习的拳法，所以被人称作"洪拳"。洪门成立于清朝康熙年间，取明太祖朱元璋"洪武"年号中的"洪"字作为门派的名号，寓意反清复明。此后，借着教授武术的名义，洪门在江湖上遍地开花，有了不少秘密基地。至今仍有很多偏僻村落中有洪门的联络站存在。当然，与洪门的接头是要有暗号的，这一点在前面的江湖规矩中已经提到。

从拳法的源流上看，洪拳与少林武术有着非常多的联系。洪拳讲究硬桥硬马，与少林功夫基本一致，而少林武术中也有大洪拳和小洪拳的套路。洪拳大概是少林拳法中最为古老的套路之一，被看作是所有武术的源头。后来，南少林兴起，洪拳也随之在南方传播开来。目前，中国各地都有洪拳（陕西等地称作红拳）流传，但影响力最大的还是南派洪拳，也就是流传于广东、福建、香港等地的洪拳，这也是洪门中人所练习的洪拳。

洪拳受少林武术的影响还体现在洪拳的套路上。与形意拳和心意拳类似，洪拳中也有大量的以动物命名的拳法，如龙拳、虎拳、豹拳、鹤拳等。上面说到的咏春拳便是吸收了鹤拳的手法和技击技巧。除了这些单独的套路，也有一些混合起来的，如五形拳、十形拳等。在这些拳法中，知名度最高的当属黄飞鸿的拿手绝技——咳咳，别想错了，不是"佛山无影脚"，而是"虎鹤双形拳"。之前说到八极拳的练习者们通常还要学习劈挂掌，以达到力量与灵活度兼备的目的，而虎鹤双形拳同样兼具了虎之威猛和鹤之灵动，也是非常牛的拳法。

洪拳非常重视步法的练习，仅马步就有四平马、子午马、伏虎马、麒麟马、吊马、独鹤马、中字马、三角马、败马、二字钳羊马、跳马、丁字马十二种，每一种步法都有相对应的招式和套路。

洪拳的另外一个特点是以气催力。有些读者或许看过一些洪拳的练习视频，视频中的练

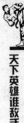

习者在演练每一个招式时都要发出很大的"嘿""哈"声。这并非完全是为了表演效果，而是洪拳认为，大力地吼出声音可以增强出拳时的力量。洪拳要求形、意、气、力、声五者统一，一动而全动，其特点是以气催力、以声助威、以力服人、以威取胜、硬打直上，劲透过身，刚劲有力。

洪拳的另一个特征是桥手。洪拳认为人的力量来自于身体，而发力则要通过手掌，而双臂就是力量传递的桥梁，因此洪拳特别重视双臂力量的练习——也就是所谓的桥手练习。除了常规的练习方法之外，有些人还会在双臂上套上铁环。是不是觉得这个场景十分熟悉？没错，周星驰的《功夫》中，三大高手之一的洪家铁线拳传人就是套着一胳膊铁环出来打架的。一代宗师黄飞鸿曾经也学习过铁线拳，而他的师父就是与他父亲黄麒英齐名的铁桥三——从这个绰号里便可以看出此人是个顶尖的洪拳高手。

虽然洪拳最初是因洪门而起，但经过几百年的发展，到了晚晴时期，除了洪门中人外，许多平民百姓和江湖人士也开始练习洪拳。在清朝的中后期，洪拳高手辈出，其中较早打出知名度的是洪熙官，有关他的故事，香港的电影中已经描写得非常多了。在他之后，另一位洪拳高手横空出世，他就是陆阿采。尽管陆阿采在历史上的知名度不是很高，但他的徒弟黄麒英却是十分有名。在黄麒英生活的时代，洪拳高手如雨后春笋般涌现出来，许多今天大家耳熟能详的武侠人物都名列其中，例如苏灿（武侠作品中苏乞儿、苏花子的原型）、梁坤（就是铁桥三）等。他们一行十人，被当时的人称作"广东十虎"。

黄麒英有个好儿子，黄飞鸿。黄飞鸿天生就是练武的好材料，加上他爹黄麒英的腕儿也够响，黄飞鸿得以有机会跟广东的洪拳高手们学习，尽得他们的绝技。二十多岁的黄飞鸿无论在功夫上还是武德上，都已经是当之无愧的南拳一代宗师。有关黄飞鸿的故事，各位读者在荧幕上已经看过无数，而有关他的历史，在后面的章节中也会介绍。黄飞鸿最得意的徒弟是梁宽，然而梁宽却英年早逝。对黄飞鸿的武术传承做出最大贡献的是林世荣——因其以卖猪肉为生，故得名"猪肉荣"。林世荣有个弟

145

子叫刘湛，刘湛有个儿子叫刘家良——没错，就是那个香港的金牌武术指导。由于刘家良那一代的武师大都学习的是洪拳，所以香港武侠剧的很多打斗段落都是以洪拳为底本的。从这个角度上说，洪拳不仅影响了中国的历史，还影响了中国武侠的动作审美，成就了我们最初的武侠梦。

11. 螳螂拳

形成年代：乾隆、嘉庆年间

创派人物：李炳霄

流传范围：山东、山西、河南、河北

主要功法：五行拳、十二形拳、八式拳、四把锤、单刀

拳法特点：生、冷、硬、脆、刁

知名高手：李炳霄、梁学香、于海、李坤山、王宝山、崔寿山

影响力：★★★★★

在中国武术中，类似虎拳、猴拳这类模仿动物动作而创编的拳法都可以被归入到象形拳中去。象形拳的大多数拳法都只是一两种套

路，而能在象形拳中卓然大成、开宗立派的唯有螳螂拳。螳螂拳是许多武侠迷们所熟知的拳法，然而在武侠小说中，螳螂拳似乎一直是一种不入流的拳法，既没有出过什么高手，一般的名门正派也不会去练习。这是一种很大的误解。实际上，螳螂拳是一门体系宏大而又流派众多的武术，高手辈出，在华东地区有着很大的影响力，它曾与太极拳、八卦掌等一起被划入到国家体育总局武术运动管理中心确定的传统武术九大流派之中。

"仿生学"先驱：螳螂拳

螳螂七字化为成，
看打采移不落空。
前步引进后步跟，
五门六法变化生。

　　螳螂拳以螳螂得名，它的来源与螳螂也有着很大的关系。据说，螳螂拳的创始人叫王朗，曾经在一座寺庙中居住。寺庙的住持也非

常喜欢武术，经常与王朗比武。奈何王朗技不如人，常常被击败。一日，王朗到后院游玩，看到一只螳螂与蝉搏斗。蝉的体型和劲力虽大，但却被螳螂玩弄于股掌之间。王朗十分兴奋，捉了几只螳螂回去，日夜观察螳螂的动作。与此同时，王朗还吸收了猴拳的步法，将之与螳螂的手法熔于一炉，创造出了螳螂拳的基本拳法。等到再与住持比武时，王朗一招就将他摔倒在地。住持大惊，忙问王朗是怎么回事。王朗实言相告，住持便让王朗将此拳教予寺庙的众和尚。

有关螳螂拳来源的另一种说法是，螳螂拳的创始人不是王朗，而是清朝乾隆年间山东的武学大师李炳霄。李炳霄的家世还算显赫，它的先祖是顺治年间的进士，在康熙年间曾经担任过兵部督捕右侍郎——也就是"国家预防与控制人口外逃办公室"第一副主任兼"国防部"副部长，是正二品的高官。到了李炳霄这一代，家道也是不错的。李炳霄天资聪颖，文武兼备，但不知为何就是考不中举人。李炳霄没有范进的耐心，仗着还有些家底，就不再去考试，转而与江湖豪杰交往，学习各种功夫。

之后的情节与王朗有些类似，李炳霄在一次运用中偶然发现了螳螂与黄雀相斗的场面（也有说螳螂与蛇相斗的）受其启发而创造了螳螂拳。创拳之后，李炳霄将拳法交给了同乡的朋友，然后开始云游四方。在与江湖朋友比武的过程中，李炳霄屡战屡胜。当旁人问及李炳霄的师父是谁时，李炳霄总是微微一笑，说："忘了"。在山东方言里，"忘了"与"王朗"发音基本一样，所以很多人就认为李炳霄的师父是"王朗"，之后以讹传讹也就成了"王朗"。

无论是哪种说法，都能看出螳螂拳是一种以小博大、以弱胜强的拳法。螳螂拳的攻击方式不同于太极拳的引进粘连，又不同于咏春拳的贴身短打。那么螳螂拳以何取胜呢？螳螂拳的技击特点被人总结为"生、冷、硬、脆、刁"，也就是快速凌厉又凶狠地攻击敌人（生、冷、硬、脆），同时也要出其不意（刁）。这样，即使力量很小的人也能战胜强大的对手。

清末的螳螂拳大师梁学香便是如此。据说

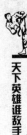

他的力气很小，连一担八十斤的米都举不起来，但是与人交手，却可以轻易将对手打飞，而且他的拳头有很强的穿透力，能够给对手造成很重的内伤。这在外人看起来是很难理解的，但在中国武术里"劲"与"力"却是完全不同的两个概念——"力"是单纯的力量，除非对手站在那儿让你打，否则很难产生什么杀伤力，"劲"则是全身的发力，就像咏春拳的寸拳一样。如果你有机会能见到真正地内家拳大师的话，会发现他们都不是壮实彪悍的肌肉男，他们的双臂和手掌十分柔软，十分接近女性。

螳螂拳能够以小博大，所以自其诞生以来就颇受欢迎，历代高手辈出。在螳螂拳的当代传人里，最出名的应该是于海。如果你对这个名字没有印象的话，不妨回忆一下李连杰主演的《少林寺》，里面方丈的扮演者就是于海。螳螂拳门内公认的六大高手是清末民初的"三山、两亭、一郝"，三山为李坤山，王玉山、崔寿山，两亭为宋环亭、赵石亭，一郝为郝宏。这六人为螳螂拳在山东的传播做出了很大的贡献。除此之外，螳螂拳还有一位绝顶高手，名叫姜化龙。姜化龙是莱阳黄金沟人，曾在张作霖手下传授过武术。据螳螂拳谱记载，姜化龙身不满五尺，而且非常肥胖，乍看起来就是个"废柴"，但动起手来却灵活得像猴子一样。从这个记载里也可以看出螳螂拳的特点。

螳螂拳内外兼修，基本步型有马步、弓步、虚步、丁步、踏步、路虎步、玉环步。《水浒》中，武松醉打蒋门神所使用的绝招就是玉环步鸳鸯腿，基本手法则有掌、钩、爪、拳、指五种，动作灵活多变，非常机警，进退自如，神形俱备。螳螂拳的套路包括牧童指路、白猿偷桃、崩步、拦截、钩法、螳螂捕蝉、螳螂展翅、螳螂行、八肘等。螳螂拳还是一门博采众长的拳法，在数百年的流传中与其他武术结合形成了名目繁多的门派。目前比较知名的有太极螳螂拳、六合螳螂拳、七星螳螂拳、八卦螳螂拳、梅花螳螂拳、通臂螳螂拳、摔手螳螂拳、光板螳螂拳、八步螳螂拳等流派。每种螳螂拳的演练方法和发力方式都有所差别，感兴趣的读者可以查找这方面的相关资料来看。

12. 大成拳

形成年代：民国

创派人物：王芗斋

流传范围：京津及华北各省

主要功法：桩功、断手、试力、走步、发力

拳法特点：集内家拳法之大成，以意导气，静若处子，动如雷霆

知名高手：王芗斋、姚宗勋

影响力：★★★★★

《三国演义》的开篇一句话就是"天下之势，分久必合，合久必分"，把这句话用到中国武术上也很合适。从唐宋以来，中国武术不断地发展、交流和融合，涌现出名目繁多的门派。各个门派功夫各异，让人无从选择。到了晚清时期，一大批武术家开始尝试化繁为简，从武术的本质入手来重新整理中国武术。他们的大致观点是：武术中最主要的是功法和劲力，其他的套路和技击技巧都是细枝末节，因此武术最重要的是功力的练习。在这种观点的

指导下，许多新的武术门派开始诞生，例如前面提到的自然门，以及后来由李小龙开创的截拳道。而在民国年间，另外一门与之类似的功夫就是王芗斋创立的意拳。

意拳又叫作大成拳。这个名字是当时的武林同道给它的称呼，寓意这套拳法集天下武功之大成。久而久之，大成拳也成了意拳的另外一个名字。与自然门相比，大成拳的功法更为简单，由站桩、试力、试声、走步、发力、摩擦步、推手、散手等组成。除此之外，没有固定的招法和拳招，一切的技击技巧全部在实战中加以总结，因此意拳也是一门实战性的拳法。

那么意拳又是如何得名的呢？这就要说到意拳的创始人王芗斋。王芗斋是河北深县人，与清末的形意拳宗师郭云深是同乡。得天时地利之便，王芗斋从小就拜入郭云深门下练形意拳。之前说过，内家拳的高手们会根据徒弟的特点来进行指导，郭云深作为超一流的大师更是深谙其中滋味。郭云深教给普通学生的是1.0版本的形意拳，看出王芗斋天赋异禀，教给他的则是2.0甚至3.0版本的完美优化版形

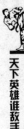

意拳。因此王芗斋少走了很多弯路，一开始就领会到了内家拳法的精髓。

后来王芗斋在中国各地游历，学到了许多内家拳的绝技，对于以往的中国武术进行了系统化的整理、总结和研究。王芗斋看到当时的武术界非常崇尚花拳绣腿的套路武术，在格斗上也僵化于既有的招式。于是王芗斋决定摒弃以往拘泥于固定招数和套路的传统，强调功力的练习和实战经验的养成。六百多年以前，武当武术开启了中国武术内家拳兴盛繁荣的闸门；而六百多年以后，王芗斋则以这样一套武术对于内家拳进行了返璞归真的总结。由于王芗斋认为在内家拳的练习中"意"是作为先导的，因此这种拳法被他命名为意拳。

之所以说意拳是内家拳的巅峰之作，是因为在意拳中处处渗透着对内家拳本质的理解。例如意拳的基本功法有站桩、试力、试声、走步、发力、摩擦步、推手、散手几种。其中，站桩强调了桩功的练习；试力和发力的目的是为了检测是否获得了内家拳的劲力；试声说明意拳十分重视发生在武术练习中的作用——对于这一点可以参考洪拳；走步、摩擦步是身法和步法的练习；推手是向太极拳借鉴而来，主要是用来探寻对方的劲力，增强身体的反应灵敏度；散手则是完全模拟实战，以格斗的形式完成最终的升华。这样，以往神秘莫测的内家拳被简化成为一种人人都能轻松掌握的学习体系。

当然，仅仅把意拳看作内家拳的精华的排列组合也是有失公允的。传统的内家拳大多脱胎于实战性强的军队拳法，十分看重技击能力，但大成拳却主张养生和技击并重。以桩功为例，大成拳的桩功分为养生桩和技击桩两种。浑元桩是养生桩的代表，属于静桩，其站法是两脚分开站立与肩同宽；两手环抱胸前，十指自然撑开，掌心向内，意念中两手之间如同环抱着一个纸灯笼，全身上下中正安舒，支撑八面。长期的练习可以调整身体各部分的机能。技击桩则有托婴桩、浮云桩、抓球桩、金鸡独立桩、伏虎桩、降龙桩等，他们可以很好地对身体的各部分进行强化，提升技击能力。

有人也许会问，从意拳的训练体系来看，意拳既没有形意拳的五行拳、十二形拳等单操、套路练习，也没有类似太极拳的抖大杆、

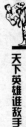

太极球等功力练习，仅仅只依靠站桩可能练出惊人的战斗力吗？

答案是可以的。意拳认为人体运动的基本矛盾就是"松紧"，人体的一切活动，诸如格斗中力量、速度、灵活度等皆受到肌肉松紧和意念松紧的制约。意拳既然叫做意拳，它首先强调的就是意念上的松紧，然后通过意念的控制让肌肉能够灵活的运动。能够最集中代表这一理念的桩式是矛盾桩——这个名字是不是听起来就很有文化含量？其实，王芗斋晚年给自己的称呼就是"矛盾老人"。矛盾桩模仿士兵前手执盾，后手持矛的动作而成。在这个桩式里，包括了攻防、松紧等许多相互关联的内容。练习者在练习时意念中前手持盾，有拧、裹、提、撞之意，后手持矛，有刺穿坚甲之力。经过这样的长期练习，练习者的肌肉会变得灵活，能够发出意拳的"弹簧力"，将对手击倒甚至击飞。

从 20 世纪 20 年代，王芗斋创拳至今，意拳也不过才有 90 多年的历史，大概可以算是中国武术中最为年轻的拳法之一。然而，它在武术史上的地位确实不可小觑。由于受知名度的限制，意拳的传播并不广，至今在京、津、河北等地的练习者比较多。晚年的王芗斋更加注重意拳的健身功能，成为一名德高望重的老中医，同时不再传授意拳的技击功法。所幸大成拳并未凋零，想来王芗斋先生也该无憾了。

13. 蔡李佛拳

形成年代：清末

创派人物：陈享

流传范围：广东、东南亚

主要功法：龙虎拳、虎豹拳、五形拳、十形拳、独脚拳

拳法特点：拳路舒展，气势磅礴

知名高手：陈享、陈长毛、陈伯安

影响力：★ ★ ★

在中国古代，练武基本上是一个家族产业。如果你生在了一个武术世家，那么不管你从事什么职业，你都要学个一招半式，否则实在有愧对列祖列宗之嫌——当然，最好的归宿就是继续做一个武术家。这样一来，武术在家族之间不断传承，逐渐形成了家族独有的风

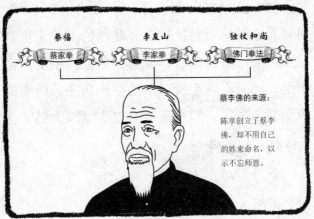

蔡福　　　　李友山　　　　独杖和尚

蔡家拳　　　　李家拳　　　　佛门拳法

蔡李佛的来源：

陈享创立了蔡李佛，却不用自己的姓来命名，以示不忘师恩。

格。例如太极拳最初就是在河南温县陈家沟的陈姓族人之间流传的拳术。除了太极拳，武林中还有很多类似的拳法，为了表示自己与其他门派之间的差别，掌门人通常会将自己的拳法命名为××家拳——这在南拳中体现得更为明显。

　　蔡李佛拳就是这样的一门拳法，然而出乎人意料的是创始人既不姓蔡，也不姓李，更不是姓佛，而是姓陈。既然如此，那么蔡李佛拳的名字又是怎么来的呢？这就要从南拳的流传讲起。之前我们已经说过，南拳主要流传于广东一带，门派极其繁多。在所有的南拳门派之中，有公认的五大名拳，就是洪拳、刘拳、蔡拳、李拳和莫拳。洪拳自不必说，其中的李拳相传由福建南少林寺僧李色开所创，后来在广东中部地区流传。

蔡李佛拳的创始人叫做陈享，从小就是个武痴。十二岁起跟随同村的族叔陈远护学拳，打下了扎实的基础；十七岁的时候又跟随李家拳的名师李友山学习；到二十多岁的时候，陈享的拳法已经相当精熟，但是陈享仍然觉得有些不足，继续寻师访友，拜在了罗浮山白鹤观的蔡福门下学习拳法。除此之外，他还跟随一个叫"独杖和尚"的人学习了佛门的拳法——不过和尚所教授的并不是当时广东一带盛行的佛家拳。

陈享三十二岁的时候，已经达到了很高的武术境界，他综合了陈远护、李友山、蔡福、独杖和尚等人的拳法，创编出了一个前所未有的武术套路。为了纪念他的几位恩师，他便取了蔡福的"蔡"字、李友山的"李"字和独杖和尚的"佛"字，将这套拳法命名为蔡李佛拳。

蔡李佛拳是一种集南拳拳法于大成的武术，其中有南拳武术的特点不必多说。在这之

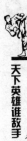

外，蔡李佛拳带给人的最直接的印象就是繁杂的套路——从中很明显能看出陈享学杂了——陈享当年创编的蔡李佛拳共有四十九套，高级拳二十九套。高级拳的套路分别以龙、蛇、虎、豹、鹤、象、马、猴、彪等命名的共十套，还有龙虎拳、虎豹拳、五形拳、十形拳、独脚拳、佛掌以及带有"八卦"两字套路等。总之，基本上当年你能想到的武术套路，蔡李佛拳一样不差。

现在的很多武侠剧和功夫片都喜欢把武林大侠融入到革命和政治运动的大背景中去。对于这一点，参考之前讲到的大侠们的生活，就可以知道这种描写基本属于幻想系作品。然而，对于陈享，这却是货真价实的历史事实。陈享学成之后，回到了自己的家乡江门授徒。太平天国运动爆发之后，陈享的师兄陈松年率领广东的天地会组织也参加了义军，武装攻打广州。但由于准备不足，很快失败，陈松年被杀。陈享带领着一支剩余的部队不断转战，部队越打越少，最终陈享只身逃离，来到了香港，而后又到了南洋——也就是今天的东南亚一带。

流落在外的陈享没有学历也没有工作经验，只能操起了自己的老本行——教武术。陈享根据南洋人的特点，编了一套铁箭拳，广受欢迎。在南洋，陈享还干了一件小说里经常写到的事情——击败外国大力士。需要说明的是，尽管之前讲过武林中的比武规则，但在真实的历史中，在一些情况下，大侠们也是会公开的去比武的：

对手已经打到了家门口，且有明显的不把你打得满地找牙不罢休的态度；

对方是外国友人，根本不吃中国武术规矩这一套；

对面是个菜鸟，可以很轻松将其击败，基本属于可以白占的便宜；

对方对你或者你的门派进行了惨无人道的人身攻击。

……

陈享在南洋就遇到了这种情况。南洋的金山大埠有一个叫做基利士的恶霸，仗着有些拳脚便吹嘘自己是世界大力士，尤其看不起华侨，常年收取各种保护费。更可恶的是，像90年代的印尼、菲律宾政府一样，当时的南

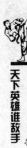

洋政府对于华侨的利益十分轻视。万般无奈之下，中国公馆找到了陈享，让陈享为中国人主持公道。作为"南漂"的一员，陈享义不容辞地答应了。陈享跟基利士谈了谈，让基利士不要再收保护费了。对于这个要求，基利士是肯定不会答应的——既然这样，那也只有开打这一条路了。在公证人的见证之下，二人签订了生死文书，然后公开比武。至于结果——在这种戏码中，中国人历来是不会输的。

还记得电影《叶问》里当叶问打败来纱厂滋事的金山找之后，纱厂老板周清泉让自己的儿子跟随叶问学习咏春拳的桥段么？陈享也做了一回这个桥段的主角。当陈享击败基利士之后，当时的很多华人富商都将自己的孩子送到陈享门下学习蔡李佛拳，其中成就最高的是张炎。张炎对于蔡李佛拳表现出异乎寻常的热爱，从那时候起，无论陈享身在何地，他都紧紧跟随。后来，陈享创立了新的武馆——"鸿胜馆"，张炎顺便也把自己的名字改成了张鸿胜。

过了几年，太平天国消停了。朝廷看好多年都抓不到陈享，也就默认他属于失踪死亡人口了，于是陈享得以回到广东老家。回到老家的陈享继续开馆收徒，此时的武馆，名字叫做"鸿胜馆"。在这一时期，陈享将蔡李佛拳传授给了很多弟子，成就比较大的是陈安伯、陈官伯、龙子才、张炎等人——其中陈安伯和陈官伯是陈享的儿子。而由于当年陈享海外教拳的经历，蔡李佛拳也伴随着华侨的足迹传到了五湖四海，成长为比较有影响力的武术门派。

14. 通背拳

形成年代：明朝

创派人物：不详

流传范围：华北地区

主要功法：通背拳

拳法特点：放长击远，冷脆凶悍

知名高手：祁信、祁太昌、张策

影响力：★★★★

中国人的老家在哪儿？这个问题如果要让你爷爷奶奶那一辈的人回答，他们肯定会脱口而出：山西洪洞大槐树。这个传说中所包含的历史信息是元朝末年的连年战乱造成中原地区人口锐减，明朝成立后，朱元璋为了恢复这些地区的生产，颁布了法令，从当时人口较多的山西省迁移出一部分人到这些地区，其中迁出人口最多的就是山西省的洪洞县。这些迁出的人口带出了山西的风俗，也带出了山西的武术——通背拳便是其中之一。

通背拳，又被叫做通臂拳，是模仿猿猴嬉戏、跳跃、捕食的动作而来，是北方武术中十分重要的流派之一。众所周知，猿猴的动作灵活，反应也很迅速，所以很多武术家都将猿猴的动作融入到自己的武术之中，而通背拳更是以猿猴为师，因此通背拳还被人称作"猿拳"、"白猿通背拳"。与之前的很多武术一样，通背拳被不同的人学到之后，又加入了很多新鲜的元素，于是就有了"五行通背""六合通背""劈挂通背""两翼通背""二十四式通背"等很多流派。

据武术史的研究，通背拳的雏形是最早流传于山西洪洞县的"洪洞通背"。而从中国武术的总体传承来看，明清时期山西出现了一大批武林高手，更有姬际可、戴龙邦、戴二闾这样的宗师级人物。山西的武术能够如此繁荣，与其特殊的地理位置不无关系。自春秋战国时期起，山西就是汉族与游牧民族混居的地区，历来战乱不断。到了明朝时期，朝廷划定了四个主要的边防重镇：宣、大、蓟、辽——也就是宣府、大同、蓟州和辽东，其中的宣府和大同都在山西境内。在这样的环境下，山西人民习武的风气自然是有增无减，而他们所练的自然也都是实战性很强的拳法——否则一旦蒙古兵打来，花拳绣腿可打不跑敌人。

说到这儿，你可能会问，既然有那么多门派的武术都在模仿猿猴的动作，那通背拳又有什么特别之处，以至于可以成为一个独立的流派呢？这个问题就涉及了通背拳的发力和打法等专业问题。一般的武术对于猴子的模仿主要集中在步法和身法上，例如前面提到的螳螂拳、峨眉武术等，目的是为了让自己的身形变得更为灵活，以躲避对手的攻击，通背拳除了这些还在模仿猿猴的劲力——通背拳讲究"放长击远"，基本的拳法有摔、拍、穿、劈、钻等，要求身体能够像鞭子一样凌厉干脆的打击对手——这也是通背拳的最高境界。

如果你也想练习到这个地步，就要颇费一

番功夫——你要把身体的各个关节都练习得非常灵活。通背拳认为"活肩打腕、把式一半"，也就是说把肩膀和手腕练活，就已经练成了一大半。"活腕"的练习是通背拳的练习者们十分重视的，不管在坐公交、地铁还是散步、聊天、看电视的时候，你都能看到他们抖手腕练习的情景。这时候你可千万不要怀疑他得了多动症，人家那可是为了练习上乘武功做准备呢。把手腕、肩膀练活了，就很容易发出通背拳的"摔"劲，一出拳就能把人打"透"，轻松的一个抖腕就能够打断对手的鼻骨。

有了这个基本功，就可以练习通背拳的单操和套路了。通背拳是一门非常实用的拳法，因此它非常重视单操招式的练习。单操练习的基本功有五行拳——摔、拍、穿、劈、钻（这一点与形意拳非常类似）以及散手，然后再练习专门的"单操势子"。通背拳的单操势子有"十二连锤""十二野马奔槽""十把擒拿"，都是一些较为短小的招式的组合，并不完全等同于套路。通背拳讲究"见招打势"，所以并没有固定的套路和格斗招式，一切全凭师父的指点和弟子们的个人领会。

在近代的通背拳高手里较为知名的有祁信、祁太昌和张策。其中祁信是浙江人，师从当时的众多通背拳高手学习，集当时的通背拳之大成，开创了通背拳的祁家门一派，江湖人称"老祁派"。之后，他将拳法传给他的儿子祁太昌。祁太昌在父亲所传授的拳法的基础上，又博采众家之长，将流散在民间的通背单手、单操、击法、练法柔化合一，把通背拳术发展到了一个新的境界，江湖上将他所练习的通背拳成为"少祁派"。经过祁太昌改良的通背拳，其招式上已经看不出多少模仿猿猴的影子，成为一种新型的通背拳。这种拳法的心法、内功、身法、气力等等与其他门派有很大的区别，在当时的武林中名头很响。不过，祁太昌也犯了很多武术家的通病——他把通背拳的掌法简化为摔、拍、穿、劈、钻五种，附会到阴阳五行中去，与金、木、水、火、土相对应，所以祁太昌的拳法又被叫做五行通背拳。

张策是民国年间的武术大师，自幼喜欢武术，学习过少林、八卦、形意等多种拳法。后来，张策拜入到祁信的弟子陈庆的门下学习通

背拳。陈庆去世之后，张策又跟随陈庆的师兄王占春学习了 9 年。张策的通背拳兼有老祁派和少祁派之长，又有自己的见解，凶横霸道，大开大合，威力极大。学成之后，张策在华北和东北一代纵横几十年未遇敌手，是当之无愧的通背拳宗师，被后人称为"臂圣"。

江湖行规

人在江湖，身不由己——这是小说中的大侠们常说的话。然而，如果你真的成了大侠，会发现这句话倒并不是小说家们的虚构。毕竟武林是靠拳头说话的，如果你不守规矩，总会有比你功夫更高的人来教训你，所以尊师重道，遵守规矩是混好江湖的第一要义。另一方面，大侠们常年游离于法律和社会之外，在朝廷看来一直属于社会不安定因素，也就是常说的"侠以武犯禁"。这样一来，大侠们就又发展出了一套独立的话语系统，例如暗号、切口、茶阵等，而在这些背后又有着很多有趣的故事。那么，历史上的天地会究竟是不是存在过？一个流氓混混要拜你为师你该怎么办？与人比武为什么要在密闭的房间里进行？

想知道这些吗？让我来告诉你……

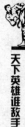

1. 武德

今天的人学习武术是一件非常容易的事情，只要交了钱就可以找到好的教练来教。用经济学的术语来说，今天的武术学习是完全的买方市场。然而在古代，这个局面却是完全不同。一些大侠们尽管自身的名气很大，但教出的弟子数量却非常有限，成名成家的更是不多。这当然不是因为大侠们的实力太差，而是因为在古代，师徒之间的关系远比今天亲密和重要得多。大侠们成名之后都非常爱惜自己的名誉，他们要么行走江湖，扶危济困；要么开设镖局，替人保驾护航——比如大刀王五；或者征战沙场，杀敌报国；或者做一个"宅男"，陪老婆孩子聊天——比如叶问。总之，若不是被逼无奈，没有哪个大侠会去开设武馆，给钱就教拳。

那么，假如在古代，你想跟随某位大侠学习武功，首先要考察的是哪一点呢？你是不是想说是否天赋异禀之类的？当然不是，古代的大侠们首先要看的是武德。中国古代的大侠们大都是孔老夫子的忠实信徒，认为道德比技能更重要，假如徒弟学了武术去偷盗抢劫、为非作歹，那么武术就变成了作恶的工具。所以古代大侠们常说的一句话是"习武先习德，笑脸迎人欺。宁可先挨打，绝不先打人"。

"武德"这个概念早在《左传》中就有提到。左丘明认为武德有七个层面的内容，此后随着武术的进步，武德的内涵也在不断扩充。到明清时期，武德的内涵已经非常丰富。武德包括"尊师重道、孝悌正义、扶危济贫、除暴安良"，"虚心请教、屈己待人、助人为乐"，"戒骄奢淫逸"等基本内容，各门各派也有自己的门规和戒律，大都颁布过"五不传""十不传""八不传"之类的戒律。当然，以今天的视角来看，古代的武德中也有着很多不合理的地方，例如最常见的一条"传男不传女"，还有武德中十分强调对于师傅的个人崇拜和对门派的绝对忠诚。虽然有些大侠并不存在门户之见，然而大多数练习者还是被迫站队。

从更为宽广的意义上说，武德实际上是武林大侠们约定俗成的一种规矩，就像当下的很多行业都有自己的行规一样。有些武德方面的

171

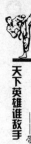
内容，例如拜师、比武等已经超越了门派之间的限制，成为整个武林共同遵守的信条。有关这些，在下面的几节中会一一讲到。

2. 拜师

在武侠小说中，常常能够见到"入室弟子"这四个字。这四个字对于学习武术的人来说，可谓是莫大的荣誉。一方面，这代表了师傅对你的品德和能力的肯定；另一方面，这也意味着你可以学习一些大多数人学习不到的绝招和技法。在古代的武林中，大师兄、二师弟之类的称呼那是只有入室弟子之间才能相互叫的。

要想成为入室弟子，就必然要经过一道拜师的程序。不过，这个拜师的仪式可不是随随便便的，那个过程是相当隆重的。或许你还记得几年前赵本山、郭德纲等人收徒弟的时候搞过的拜师仪式，大侠们收徒弟的阵势一点也不比他们差。几乎所有的大侠们都会在举行拜师仪式的时候邀请江湖上的名流来观礼，实际上他们是把拜师仪式当成了一个新闻发布会，昭告天下：我有徒弟了。如果招收的是比较知名的弟子或者是要继承衣钵的那种，那么这个就要举行 2.0 版的拜师仪式。

那么，如果你想拜一个大侠为师，应该走什么样的流程呢？

第一，你要明白，拜师意味着在未来学习的几年内，你的一切都是师傅家的。你要给师傅家做饭，要给师傅做工，如果师傅要求，给师傅洗脚洗袜子什么的也是要干的。总而言之，跟新媳妇儿的地位差不多。所以，你的父母是要跟师傅详细聊聊的。

第二，要把该请的人都请到，至少自己的师弟师妹、师兄师姐是要邀请到的。如果师叔、师伯、师爷、师祖级别的人物还健在并且同意前来的话，这个费用你也要负担。

第三，别以为拜师就是你跟师傅之间的事情。除了教你拳法的师傅，还有引师和代师也是要请的。所谓引师，大概可以理解为介绍人。要知道在古代，大侠们是不会轻易收徒的，所以这个引师不可或缺。至于代师，是说当师傅无法教拳时，可以由代师代为传授。除此之外，还要有一个保证人，这个称为保师。

第四，接下来你该邀请的就是当地名流，

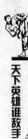
让他们作为贵宾见证人见证你师傅收徒的光辉时刻。

等到以上的一切都做完了，也就到了谈钱的时候。古代有一句话叫做"穷文富武"，由此可以看出这笔钱是少不了的。把这些准备好了之后，剩下的事情基本都是由师傅操办了。师傅要选定一个合适的时间和地点，一般都是黄历上所说的良辰吉日，地点大都选在酒楼或者宾馆举行。拜师的时候，要呈上自己所写的拜帖。拜帖的内容各地有所不同，大致意思就是我自愿成为某某人的弟子，听从师父教诲之类的。待到这些完成之后，喝下一杯拜师酒，你也就成为了大侠的入室弟子。

3. 绰号

武侠小说里留给人印象最深刻的除了武功，应该就是大侠们的绰号了。人的名，树的影，有一个拉风的绰号实在是相当让人得意的事情。比如《射雕英雄传》里的"东邪西毒、南帝北丐"，听起来就是个无比霸气的组合；《书剑恩仇录》的"千臂如来"赵半山、"金笛秀才"余鱼同等红花会的一干人等也都有自己的绰号。中国绰号最多的书应该就是《水浒传》，这本书算是把中国的绰号文化发展到了极致，不过从中也可以看出早在宋元时期，江湖人士取绰号就已经非常流行。

一般来说，绰号分两种，一种是自己给自己起的，另外一种就是别人给你起的。用现在的话来说，自己取的绰号相当于自己读取了博士学位，而别人给的绰号则更像是大学授予的名誉博士学位，虽然有着美化的成分，但是影响力却更大。

那么，如果现在你是大侠了，那么该怎么样给自己起绰号呢？这就要根据你自己的特长来了。有的大侠的绰号是来源于自身的生理特征，比如长胡子、大脸盘、独眼、单腿等，比如《水浒传》里的皇甫端的胡子是紫色的，所以叫做"紫髯伯"皇甫端；朱仝的胡子俊美飘逸，所以被叫做"美髯公"。不过，在真实的历史中，大侠们不太会刻意凸显自己的生理特征，所以这类的绰号一般比较少。

除此之外最为常见的就是以自己的武功、绝技等来取绰号了，这种绰号一般都是江湖上的朋友的称呼。这种绰号一方面是对自己武功

水平的肯定，另一方面也标志着你有了一定的江湖地位，所以说如果你想给自己取个"南拳无敌""神腿大侠"之类的绰号叫着，是完全没有问题的，但江湖上的其他人认不认就是另外的问题了。这方面比较有代表性的有晚清的形意拳大师郭云深，他将崩拳步法中的一步改为半步，创造出了"半步崩拳"，以此打遍武林，江湖人称"半步崩拳郭云深"；清末的武术家王子平，力大无穷，人送绰号"神力千斤王"；太极、形意、八卦拳的宗师级人物孙禄堂，功夫出神入化，身法极其灵活，时人称之为"虎头少保活猴孙禄堂"；中国镖局的创始人、山西人张黑五拳法出神入化，江湖人称"神拳张黑五"。不过，大侠们的绰号里倒是很少见到"无敌""第一"之类的名字。毕竟武无第二，你叫无敌肯定会有人不服气。在这方面，能够号称"无敌"而又被众人所信服的，大约只有杨式太极拳的创始人"杨无敌"杨露禅。

还有一些大侠与此类似，所不同的是他们的绰号来源于他们所使用的兵器或者所练习的武器套路。比如清末的镖师王子斌善用大刀，在家里排行第五，因此得了个绰号叫"大刀王五"；八极拳的一代宗师李书文擅使大枪，技艺可谓出神入化，时人称为"神枪李"。这样的大侠在武侠小说里更是遍地都是，比如"银钩铁画张翠山""君子剑岳不群"等。

虽然武林大侠大都是粗人，不过也有一些文人出于锻炼、修养或者爱好的目的去练习武术，他们所取的绰号一般都比较文雅，绝非行走江湖的草莽之辈可比。

4. 切口（唇典）

每个行业都有自己的术语，行走江湖的大侠们也不例外。假如你在清朝，走在大街上，忽然有个人给你抱拳拱手，说了一句"三八二十一"，你可千万不要怀疑对方的数学不好，因为跟你说话的这位是天地会的人。那么天地会的人为什么会说"三八二十一"呢？那是因为天地会又称洪门。洪字的写法是左边一个三点水，"共"字的下方是一个"八"，而"共"字的上半部分可以看作是两个连在一起的"十"字和一个"一"字的组合，这就是所谓的"三八二十一"。

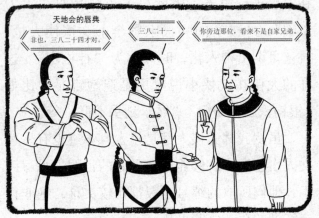

天地会的这种话，在江湖中被叫做"唇典"，指的就是黑话。唇典包括的内容很多，既有一些专门的对人的称呼，例如将衙门中的衙役、捕快称为"黑皮"（这是由于古代衙役们的衣服通常都是黑色。古代小说中经常把衙役称作皂隶，这里的皂与"不分青红皂白"的皂一样，指的都是黑色的意思）。再比如，武侠小说里常常写道某某人被废了招子，这里的招子指的就是眼睛。

这是唇典中最为简单的几个叫法。实际上，唇典所涵盖的内容之丰富，远超乎读者们的想象，从人体部位到职业，生活中的衣食住行、礼节、交往等，应有尽有，几乎可以成为第二语言系统。如人体器官名称：头为瓢把子，眼为招子或湖，手为抓子，耳为顺风子，口为海子或江子或樱桃，腿为金杠子，脚为踢杞，心为蚕子或定盘子等。再如对于家庭成员的称呼，男子被称作"孙食"，媳妇被称作"果食"，父亲叫"老戗"，母亲叫"磨头"，祖父叫"戗儿的戗"，祖母叫"戗的磨头"，哥哥叫"上排琴"，弟弟叫"下排琴"，兄弟叫"排琴"。

从以上的称呼来看，唇典真可谓无所不包。至于为什么会出现唇典，则有着多种多样的解释。大多数人认为，唇典的目的在于辨识身份，因为对于不行走江湖的人来说，是毫无必要在自己熟悉的语言之外单独再给每一个事物都起另外的名字。当然，唇典也还有着序定辈分座次的作用。比如你跟几个大侠占山为王，需要排一下谁当老大。显然，不是每个人都有宋江那样的头脑，在地下埋一块石碑，把自己编的座次表都刻上去。你需要跟他们用黑话交谈，如果他们讲的黑话你都能听懂，你自然就是老大，否则这个位子与你无缘。如果在今天，搞一个唇典的四六级考试想必也是很有意思的事情。

唇典还包括一些行走江湖的基本礼法规范，比如怎样抱拳拱手，怎样摆放茶杯，怎么放置兵器等。一旦犯错，极有可能让对方当场翻脸，甚至大打出手。有关这些，有兴趣的读者可以去做一些深度阅读，应该会有不小的收获。

学会了唇典之后，就可以与江湖人士进行交谈了。不过，这种交谈也有一些固定的法则，这些被称为切口。最为典型的切口是暗语或者暗号。比如《鹿鼎记》里，对方如果说"地振高冈，一派西山千古秀"，那么你应该回答"门朝大海，三合河水万年流"。著名的样板戏《智取威虎山》里的那句"天王盖地虎"和"宝塔镇河妖"也可以看作是一种典型的切口。这类切口一般是为某些门派或江湖组织所独有，是不足为外人道的。

5. 划地盘

很多人小时候都做过武侠梦，以为大侠是世界上最潇洒的职业：身负绝世武功纵横江湖，击剑饮酒，快意恩仇，从来不用担心吃饭和住酒店没钱；即使没钱了也还可以捉些野味来吃，烤鱼、烤兔、烤鸡、烤鸭，真的是惬意无比；若能有一个钟情的女子相陪伴，还可以做一对神仙眷侣，羡煞旁人，经历江湖风雨之后，找一个平静的小村归隐，从此不问世事，老死林泉……

喂，醒醒吧，太阳已经出来了！

武侠小说中的大侠们都是高来高走，四海为家，快意恩仇，让蜷缩在蜗居里的现代人好生羡慕。不过，历史上真正的大侠们却从来没有如此风光过。毕竟，古代人结婚要比现在的人早得多，要让大侠们拖家带口的去走江湖的确也不现实。况且对大侠们来说，想办法给孩子挣点奶粉钱才是王道。在之前的章节里，我们已经知道大侠有各种各样的谋生手段，比如杨露禅、孙禄堂等人是靠教拳为生，属于民办机构；杨澄甫、张之江、薛颠等人后来被聘为中央国术馆的教练，类似于今天的体制内教师；也有如霍殿阁、刘云樵等人成为政要保镖；或者像许世友、陈再道等成为军事将领。总之，除了达摩、张三丰之类的出家人，恐怕没有什么大侠是能够真正的云游四方，快意恩仇的。

除了上述的那些职业，那些名气不大或者实在找不到出路的练武之人还有最后一个去处，那就是抢地盘。这种选择，往好听了说叫做自由职业，说得直接一点就是职业打手。

没错，虽然大侠们不屑于做这些事情，但总有些落魄的武师会进入这一行业。比如徐克的那部经典之作《黄飞鸿之壮志凌云》中，落魄的铁布衫高手严振东被迫加入码头上的帮会，充当他们的打手，对付黄飞鸿。再比如《水浒传》中，浪里白条张顺、船火儿张横、立地太岁阮小二、短命二郎阮小五等人也是这类人物的代表。他们通常凭借自己的武功或者纠集一群地痞流氓，占据一块地方，然后去收保护费或者自己开办买卖，排挤其他竞争对手。如果有来挑事的，就毫不犹豫地痛打。《水浒传》中的金眼彪施恩与蒋门神蒋忠之间便是这样你争我夺的关系——当然，在这场斗争中，武松被当成了枪使。

在古代，这类"大侠"们最常聚集的地方就是码头、渡口这类地方。按照今天的说法，这些地方在古代属于权力执法的边缘地带，较少受到官方的管辖，而且在船上聚会要逃也很方便——当年的中国共产党第一次全国代表大会也是在画舫上召开的。正是由于这个缘故，据说"江湖"这个词的含义就是由此引申出来的。当然，无论这种说法是否可信，在旧时的几大主要滨海和滨江城市，如天津、上海、广州、香港，的确有大量的武术家自己占据码头或者依附于帮派圈划地盘。

正所谓人在江湖，身不由己，许多真正的大侠即使自己不参与到这个争地盘的行动中去，也往往难以独善其身。一些江湖上的混混或者地痞在有了一定势力之后，如果自己的出身不好，也会通过拜某武术名家为师的方式提升自己名号的含金量，同时也是向对手示威。比如，在过去的天津，你是海河码头的老大，你便可以拜霍元甲为师。想找事的人听说霍元甲是你师父，自然会敬畏三分。有的大侠不堪其扰，最终也只能勉强同意。这也是为什么有的大侠的弟子并不光彩的原因。

6. 走镖

镖局在中国武侠小说中的出场率是相当之

高的。可以说，除了武当少林这些门派以外，镖局几乎是江湖高手的主要聚集地。然而，有关镖局的真相恐怕要让很多人失望，那就是镖局诞生的时间其实非常晚。民国年间，孔祥熙指派卫聚贤去山西调查票号的历史。卫聚贤在调查过程中注意到了镖局，在他的《山西票号史》一书中，提到中国最早的镖局大约产生于乾隆末年，是由山西的拳师张黑五在北京前门大街开设的兴隆镖局。

快撤，龙门镖局咱惹不起！

大哥，咱们要发了！

龍門鏢局

镖局的实力很重要

张黑五武功卓绝，号称神拳，在江湖上的名望还是很高的。后来走江湖的镖师们有一句口头禅叫做"合吾一声天下走，半年江湖平安回"，这里的"合吾"指的就是镖局的创始人张黑五。到了民国年间，伴随着铁路等更为便捷的交通方式和银行、股票等更为便捷的金融服务、产品的出现，镖局也逐渐走向了没落。也就是说，镖局从产生到消失，总共也就一百年多一点的时间。

武侠小说里的走镖还是很威风的事情。大侠们仗着自身的武艺，护送财物或者人到达目的地。若是路遇打劫的强盗，便动手护镖，跟对方血拼到底。但真实的情况是，不论你是不是大侠，也不论对方是不是强盗，你打死了人总是要被抓起来的。现在假设你是一个强盗，看中了某个镖局的镖银，纠结了同伙准备抢劫了，那么遇到了镖局的镖师们，他们会怎么处理呢？

首先，你要说"此山是我开"等标志性用语，镖局的镖师们会跟你对暗号，然后说一堆客气话，大意就是大家都是混江湖的，体谅一下，互相有个照应，交个朋友之类的。当然，镖局也会亮出自己的名号，如果对方镖局的名号实在太大，你不想得罪他们，那么就可以走人了，一切就当什么都没发生过。

接下来，假如你还是想要这笔钱，镖局的

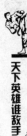

镖师们也不会动手的。他们提出分一点钱给你，大家各有所得，交个朋友。

如果此时你还不想走，铁定了心要这笔钱，镖师们会拿出一些绿林上的关系来跟你商量。比如你是在某某山脚下抢劫的，镖师们会说我们跟某某山的山大王某某关系很好，希望你给个面子之类的。你考虑到以后还要在这片地面上生存，自然要有所顾虑。

好吧，你已经孤注一掷了，决定要抢了这笔钱。这时候，镖师们就会跟你动手了。当然，之前说过了，镖师们打死人是要犯法的，所以镖师们所用的一般是三节棍、鞭、棍等无刃的兵器。在逼不得已的情况下会动用刀、枪、剑之类的兵器。

一旦开打，结果无外乎两个：一、你被打败，这个自然不必说，镖师们不会赶尽杀绝，你趁早逃了，大家互不追究；二、镖师被你打败，你成功地把镖银抢了过来。这种情况下，你也不必太高兴。一般来说，镖局跟今天的保镖公司、保安公司有些类似，与公安局等机关有着很多联系，你把他们的货劫了，他们自然会报案。此外，他们如果认识你所在地区的有

头面的江湖人物，也会让他们去说情取回镖
银——当然，会留给你一部分。如果最后官府
也抓不到你，江湖人物也拿你没办法，那么镖
局也就只能乖乖地赔了镖银。

从上面所说的这几点，就能看出要在清朝
开镖局，有三项是必需的：一是在官府有硬靠
山；二是在绿林有硬关系；三是在自身有硬功
夫，三者缺一不可。开镖局先要打点当地台面
上的人物，下帖请官私两方有头有脸的朋友前
来捧场，这个叫"亮镖"。若是关系不够，亮
不了镖，往后生意必然难做；若是人缘不佳，
亮镖时有人踢场，手底下没两下子干脆就关门
算了。亮镖没出事，镖局才算立住了脚，但能
不能出人头地，则要看第一次买卖头趟镖是否
能立个万字。

此外，镖局也会遇到某些想要上门挑战的
人。与遇到劫匪一样，镖局的镖师们依然是隐
忍为上，不到万不得已不会动手。一般来说，
真正的大侠们是不会干这么不上档次的事情，
很多挑战者前来比武的目的，与今天的淘宝买
家们威胁给卖家差评的性质是一样的，其本意
在于让卖家退一点钱。自古以来生意难做，镖

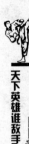

师们一般会给上比武的人几两银子接济一下。挑战者得了便宜，拱手走人——当然，前提是你要有个练家子的样子，否则一看就是菜鸟，恐怕几个做饭的厨子就把你打出去了。

7. 比武

文无第一，武无第二，同样是行走江湖的大侠，没有谁会承认比对方差。这么一来，比武就不可避免。大侠们的比武显然不同于流氓混混们的打架，那是有着一定的规矩的。对于大侠们来说，胜败固然重要，然而面子问题也要注意。在甄子丹主演的电影《叶问》中，叶问与前来挑战的拳师是在完全封闭的房间里比武的，无论是胜是败，结果都不会被外人看到，这个描写是非常符合历史事实的。

在许多读者眼中，高手之间的比武一定非常精彩，大战三百回合不分胜负是很常见的事情——可惜的是，这只是夸张。实际上，越是高手比武，过程往往越是简单，基本上两三招之内就可以分出胜负。按照今天的分类，中国的传统武术的对抗应该被归到自由搏击加无限制格斗里面去。理论上说，如果抛开江湖道义不顾，中国武术可以使用任何部位进行攻击，也可以击打对手的任何部位，而且还没有轻重量级的限制——最关键的是，还不佩戴护具。即便你是个 50 公斤的瘦子，败给了 100 公斤的胖子，同样也会被人认为武功差劲。所以，在比武的过程中，"点到为止"四个字就显得特别重要。

那么，真正的比武应该如何进行呢？现在，假设你是一个武师，想去找本地区的另外一个人比武，那么你首先要写上帖子送到对方家里。当然，帖子的内容上是不能写"××，我要跟你比武"之类的话，按照江湖行规，这封帖子的主要内容是邀请对方吃饭或者喝茶。对于这种吃饭喝茶是什么目的，双方自然都是心知肚明。

既然你提出了要求，便有可能遭到对方的拒绝，这也是比较常见的事情，毕竟大家出来混江湖都不容易，没必要到互相动手的那一步。如果对方同意了，那么双方就要约定一个地方。通常来说，会选定在某人的家中或者一些较为私密的场所，诸如酒肆茶坊之类的地方是断然不会的。其中的理由也可以理解，换做

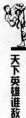
今天，两个大侠不在武馆比武，而是在夜总会或者酒店大堂对着掐架，实在有辱名声。

现在你已经见到了对手，别着急，比武还早着呢。你们可以先吃个饭，聊聊天，也可以先试着比划一下。这种比划不是过招，而是握手，这是比试劲力的一种表现。基本上双方一握手，就了解了对方的劲力。如果你跟对手的差距太大，这武也就不用比了。这样做的好处是，即使在外人面前，胜败也只有你们双方自己知道。

假如对手跟你的劲力差不多，你觉得还有把握战胜他，那么接下来就要比试一些其他方面的内容。对手仍然不会直接比试，他会通过破坏一些东西来展示自己的功力，让你知难而退。比如，对方可能不经意地在地上踏一脚把青砖踏碎或者在地上踏出一个大坑，这样你可以估算一下自己的战斗力究竟如何。

到这个时候，如果你还觉得不过如此，就可以开始比武了。在保证四周无人的前提下，双方就摆开架势准备进攻。当然，在真正的比武中，这个过程持续的时间最多三五秒，一般会在一两秒之内结束。之后，无论胜败，你就可以拍拍屁股走人了。你所需要做到的是，无论胜败，你都不能把结果告诉外界——而假如你跟对手的名气都很大，那么这个比武的结果一定是平局——没错，一定要说平局。

当然，打架这种事情，也有摆到台面上进行的时候。这种比武的形式就是打擂台。不过，打擂台不算是纯粹的比武。原因也很简单，首先，中国武术的比武过程非常简单，基本上一两招之内就分出了胜负，如果真按照中国武术的规则来，恐怕到时候开场铃的余音还没结束，一方就已经倒地了，这实在没有什么可看的；其次，中国武术的比武原则叫做"留情不出手，出手不留情"，一旦攻击开始，除非对方倒地绝对不会停止，而擂台武术中三分钟一个回合的限制，的确跟传统武术的实战性是相背离的。用当下流行的话来说，打擂台应该算作是文化产业的一部分，参与者主要是为了争夺奖金和名誉。大侠们一般都不缺这些，除非在某些特殊情况下——比如影视剧中经常描写的那样，出于民族自尊，中国大侠大战西洋拳击手，顾及自己的名望，大侠们还是采取旁观的态度。

当然，大侠们也都是人，有的时候也会当面吵起来，甚至会拳脚相向。不过，顾及面子问题——除非彻底撕破脸皮，大侠们还是会注意到身份。如果最终必须要比，双方都会有很大的损伤。在这方面，有一个真实的例子。在20世纪30年代，杨式太极拳的传人杨澄甫受聘成为中央国术馆教练。有一次，他闲来无事，在国术馆内看其他人教学生练拳，恰好看到一个黑虎拳高手在教学生练习黑虎拳。黑虎拳属于外家拳，势大力猛，有很大的爆发力，每一跺脚或青砖碎裂，或尘土四溅。然而练习内家拳的杨澄甫非常看不起黑虎拳，就当面贬低了黑虎拳，惹怒了对方。对方不依不饶，非要跟杨澄甫决一胜负。杨澄甫仗着自己的太极功夫也有些托大，说可以让对方打自己三拳。结果，对方第一拳下去，就已经震伤了杨澄甫的内脏。及至三拳打完，杨澄甫已经极度疼痛，趁对方不注意，反手一掌打在对方胸口，对方也口吐鲜血，跌出数米开外。此后没几年，由于这次比武留下的严重内伤，两个宗师级的武术大师相继离世，令人叹息。他们比武的故事也常被用来教育年轻气盛的初学者们要隐忍和平和。

8. 八打八不打

在武侠小说以及以前的武术故事中，大侠们比武讲究的是点到为止。但是，"点到为止"这个概念对于大多数人来说，是非常模糊的。在上一节中，我们知道大侠们比武理论上是没有任何禁止击打的部位的。那么既然是这样，什么样的击打就可以算"点到为止"呢？关于这一点，古代的大侠们想得非常周全。在许多门派的规矩中，都有一些部位是可以击打的，而另一些部位是不允许击打的。总的来说，武林中一般将其称作"八打八不打"。

那么，什么是八打和八不打呢？一般来说，八不打一般都是血管、神经比较集中的部位，如眼睛、心口、下阴等，也就是通常所说的要害部位；八打的部位大致都是人体的软组织比较集中的位置——击中这些部位之后，身体会感觉到剧痛，但不会有生命危险，可以在短时间内制伏对手或者分出胜负。

不同的门派对于八打八不打的说法也有所

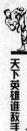

不同。下面以螳螂拳的八打八不打为例作简要的介绍。螳螂拳的八打八不打有两个版本，分别记载在《棍棒鞭全谱》和《拳棍枪谱》中。其中，《棍棒鞭全谱》中的八打是“一打太阳为首、二打唇上人中、三打单耳扇风、四打破骨千金、五打两旁肋梢、六打撩阴高骨、七打尾吕风府、八打破膝千金”，八不打则是“一不打顶穴、二不打扇风、三不打锁口、四不打心口、五不打后心、六不打两肋，七不打丹田、八不打取宝”。《拳棍枪谱》中的“八打”是“一打迎面、二打嘴巴、三打肩头，四打胃膛、五打肩背、六打膨窝、七打胳膊、八打腿”，“八不打”是“一不打太阳为首、二不打两耳扇风、三不打脑后生风、四不打穿嗓捶、五不打向心直通、六不打两肋双闭、七不打撩阴高骨、八不打尾闾骨”。

上面的两个版本，综合起来看，心口、两肋、后脑、下阴、尾闾、肾脏、咽喉、双耳、小腹是禁止击打的部位，而嘴、胃、四肢以及相关的关节则是可以去打击的。在实战中，即使面对的是宵小之徒和拦路抢劫的罪犯，在不危及生命的前提下是万万不能击打对方的要害部位的，否则非但救人或自卫不成，还会被抓进官府，治一个故意伤人的罪名。正是因为中国的大侠们对于这些打击部位有着精深的研究，因此中国武术基本都是围绕着这些来进行练习的，因此中国武术在实战中可以很快地结束战斗。当然，在现代的武术中，即使是"八打"的某些部位也已经不允许被击打了，这是当今武术的实战能力受人怀疑的重要原因。

武林大侠

做一个大侠，是很多人儿时的梦想。的确，行走江湖、快意恩仇，到了哪儿都有银子花，有好马可以骑，除暴安良的同时还能赢得个如花美眷，总是让人心驰神往……

停！你该醒醒了。

其实大侠们的生活远没有如此惬意。毕竟大侠们也还是人，不是神仙，也有娶妻生子、挣钱养家的现实需求。很多耳熟能详的大侠，其实并没有那么多的传奇经历，比如众所周知的津门大侠霍元甲，其实家境相当一般，他还曾经去码头上扛过麻袋。而他打败外国大力士的故事就更是彻头彻尾的传说——真实的情况是，那些大力士还没有跟他比就被吓跑了。除了霍元甲，历史上还有许多真实存在的大侠，例如南拳宗师黄飞鸿、洪拳祖师洪熙官、民国第一保镖杜心五……那么董海川真的是太监吗？黄飞鸿有没有见过孙中山？张三丰究竟有几个徒弟？被称为"虎头少保"的又是谁？

欲知详情如何，请君细听端详。

1. 郭解

生活时代：西汉

所学拳派：无

功法绝技：无

传承弟子：无

主要贡献：中国第一位载入正史的大侠；以布衣之身为天子所妒，堪称古今第一侠

历史影响：★★★★★

中国历史自古以来就不缺乏大侠的身影，然而大侠该从何时算起，却是个见仁见智的问题。有人认为荆轲、豫让之类的刺客是最初的大侠，也有人认为墨子是先秦时期侠的典范，不过在司马迁的《史记》里，真正称得上侠的却是郭解、剧孟、朱家这些人。那么司马迁

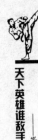

认为什么是侠呢？司马迁将侠客们称为"游侠"，他说"现在的游侠，虽然行为不太符合法律，但是言必信，行必果，答应别人的事一定会做到，甚至牺牲自己去救助危难中的人。事成之后，却不夸耀自己"。正如李白所说："事了拂衣去，深藏身与名"。

司马迁的这个定义也成为后世的中国人判断大侠们的准则：第一，大侠必须是独立的，像刺客们这种拿钱办事的自然不能算大侠；第二，大侠的行为不太符合法律，用今天的话说大侠们都是"体制外"生存的——那种动用国家权力帮忙的，最多只能算好官；第三，大侠们必须是诚信标兵，说话不算数的、搞欺诈的都靠边站；第四，大侠们都是活雷锋，做好事不留名，那种做了好事四处找人求表扬明显不是大侠的范儿。

（一）

秦汉交际的时候，社会非常混乱，大侠们也就有了广阔的发展空间。这一时期比较有名的大侠是朱家，他与汉高祖刘邦生活在同一时代。朱家是鲁国人，却不喜欢儒家思想——其实这个不怪朱家，儒家的书都被秦始皇烧完了，朱家就是想学都找不到教材。朱家一直都在救济别人，家中曾经藏匿过数百个豪杰，普通人就更不必说了——他甚至还救过汉初名将季布的性命。然而，朱家很有觉悟，对于他救过的豪杰，他一概都远远地避开，就好像不认识这个人一样。这么一来，天下的豪杰们都争相与朱家交往。

朱家已经很牛了是不是？不过与郭解相比，朱家只能算是1.0版的大侠。

郭解是河南轵县人，也就是今天的河南济源人。郭解的家族有做大侠的传统，郭解的父亲因为行侠触犯了法律，在汉文帝的时候被杀了。然而，这并不影响郭解继续从事这一高危且无报酬的低性价比行业。

郭解虽然是大侠，不过长得却不高大，按照今天的尺寸换算，估计不超过一米七。郭解精明强悍，小的时候就心狠手辣，杀过不少人，也替朋友杀过人。诸如藏匿杀人犯、拦路抢劫、挖坟掘墓、私造钱币之类的事情，更是如家常便饭。但是，郭解的运气实在是太好，经常能在窘迫的时候迅速脱身，即使被抓进了

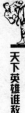

监狱，很快也能碰到大赦，以前的罪过一笔勾销。

等到长大了，郭解也就知道自己当年的所作所为有点不怎么地道，所以就改变了想法，开始成为了一个行侠仗义的大侠。他经常救助别人，却从不要求别人报答自己。不过，在这背后潜藏的是另一个郭解。由于当年郭解杀人越货的犯罪事迹影响太大，县里的不少人都知道郭解是一个狠角色，谁也不敢惹，郭解也就成了当地的一霸，属于打黑的重点对象。

仗着郭解的实力，郭解家的亲戚们也十分嚣张——郭解的外甥便是其中之一。他从小喜欢喝酒，跟别人喝酒的时候，如果对方实在喝不下去了，他就硬往对方嘴里灌。有一次，有个人因为这件事情被激怒了，拔刀杀死了郭解的外甥，然后逃跑了。郭解的姐姐非常生气，上门指责郭解，大意是"你这个舅舅怎么当的，人家把你外甥杀了，你连个人都抓不到"。一怒之下就把儿子的尸体扔在马路上，不予埋葬，想以此羞辱郭解。郭解派人暗中查探凶手的下落，凶手知道郭解的势力太大，自己回来找到了郭解，说明了当天的情况。郭解说："这事你没错，是我的外甥无理在先。"于是就放走了凶手，厚葬了姐姐的儿子。当地人听说这件事情之后，十分称赞郭解的侠义。

（二）

自此之后，郭解的威望日益提高，郭解也开始注意自己的名声。当时的郭解在县城里是名副其实的"一哥"，他出门的时候，旁人都要闪避。但是，郭解注意到，经常有一个人在他出门或者归来的时候在他面前坐着，就是不让开。这要是换成一般的流氓恶霸，肯定就毫不客气地派爪牙去打，然而郭解说："居住在乡里之中，却有人这么不尊敬我，这肯定是我有什么做得不对的地方"。于是找到县里的官员说："这个人是我关照的，以后轮到他服徭役的时候，你就不要征发了"。郭解在县衙里是很吃得开的，于是县里的官吏们从此之后再也没征发过这个人的徭役。这个人感到非常奇怪，当得知这一切是郭解所为后，立即上门负荆请罪。当地的年轻人听说了这件事，越来越仰慕郭解。

郭解的影响力越来越大，周围县城的人也

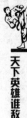

都对郭解十分仰慕。当时的洛阳有人相互结仇，洛阳城中的各方豪杰从中调解，但双方都不听劝。有人想到了郭解，连夜登门拜访。郭解听说了这件事，也很快来到了洛阳。没想到，双方都买郭解的账，一看郭解来了，立即就和好了。不过，郭解注意到了洛阳豪杰的面子问题——你想，洛阳这种国际化大都市的豪杰们都解决不了的问题，竟然被一个县城来的人物给搞定了，这的确让人有点不爽。于是郭解对结仇的双方说："我听说洛阳的豪杰们给你们调解，但你们都不接受。现在你们听了我的劝告不结仇了，可是这么一来，你让洛阳豪杰的面子往哪儿搁啊。这样，你们就当作我没来过，明天洛阳的豪杰们继续来调解，你们就当作听了他们的调解和好的，给他们一个台阶下"。然后连夜离开了洛阳。

郭解始终待人恭敬，也明白自己虽然有影响力，然而终究是一介平民，所以从来不敢乘车进县衙。到其他地方去帮人办事的时候，能办成的一定办成，办不成的也要等到各方满意之后才去对方家里吃饭。这么一来，大家越发的尊敬郭解，有些人甚至要把郭解家的门客接回家供养。郭解成为了轵县天皇巨星般的人物。然而，福兮祸之所伏，郭解的名气最终给他带来了杀身之祸。

（三）

郭解的死要从汉武帝修建陵墓说起。众所周知，汉武帝修建了西汉最为庞大的陵墓——茂陵。不要以为茂陵只是汉武帝一个人的陵墓，茂陵周围还有很多官员的墓陪葬，比如卫青、霍去病等。汉武帝将他们陪葬，除了面子因素之外，也担心他们的部将和家人势力坐大之后威胁中央，所以将他们的墓埋在茂陵附近，出于孝道，他们的子女家人也就要住在长安城里，这样便于监视和控制。所以当时被要求搬到茂陵附近居住的不只有朝廷官员，还有在地方上影响力比较大的豪强地主。汉武帝所划定的搬迁标准是：全国各地，凡是家产三百万钱以上的都要搬到茂陵。

郭解的家是很穷的，但是由于郭解的名气实在太大，郭解还是被划入到了迁移的名单里。名将卫青知道了这件事情，跟汉武帝说："郭解的家是很穷的，不符合搬迁的标准啊"。

听到卫青说情，汉武帝勃然大怒，说："一个平民百姓竟然能让大将军替他说话，可见他一点都不穷。"郭解无奈只能迁到茂陵，一路上人人都为郭解送钱践行——等到郭解来到关中的时候，他已经收到了一千多万钱。

郭解虽然没说什么，但他的儿子却非常愤怒。当时把郭解的名字写到迁移名单上的是郭解的同乡杨季主的儿子，时任轵县的县橼。郭解被迁走之后，郭解的儿子杀掉了杨县橼，砍下了他的头。

到了长安的郭解影响力依然不减。关中的豪杰们听说郭解来了，都争相拜访。郭解的个子比较矮，平时也不喝酒，出门的时候也不骑马。杨季主的儿子被杀之后，杨季主为了报仇要来杀郭解，结果反而被郭解所杀。杨季主的家人决心告状，结果告状的人又被人截杀——而且是在皇宫门口截杀的。汉武帝听说之后，十分震怒，下令一定要捉到郭解。郭解被逼无奈，只能逃命。

很久之后，官府捉到了郭解，开始清算他的罪行。然而，审查案件的官员们发现，郭解所犯的案子都发生在赦令发布之前——也就是说，按照规定，郭解的罪行可以不予追究。后来，有个儒生陪同前来查办郭解案件的使者闲聊，郭解的门客称赞郭解是一代大侠，儒生却说："郭解专门凭借狡诈做犯法的事，怎能说他是贤人呢？"郭解的门客当即杀掉了这个儒生，割下了他的舌头，然后跑路了。审查的官员们让郭解交出凶手，但郭解的确不知道凶手是谁。于是，官吏们向上面汇报说，郭解按照法律是没有罪的。然而，当时的御史大夫公孙弘却说，"郭解以平民身份行侠弄权，因为小事而杀人，郭解自己虽然不知道，这个罪过比他自己杀人还严重"。公孙弘的这句话如一道催命符，不但葬送了郭解的性命，郭解的一家也都死在了屠刀之下。

司马迁在《史记·游侠列传》里说，郭解之后的侠客依然有很多，然而却没有值得称道的。关中长安的樊仲子、槐里赵王孙，长陵的高公子，西河的郭公仲，太原的卤公孺，临淮的儿长卿，东阳的田君孺，虽然行侠却能有谦虚礼貌的君子风度。至于像北道的姚氏，西道的一些姓杜的，南道的仇景，东道的赵他、羽公子，南阳赵调之流，号称大侠，不过是一群土匪强盗而已。

2. 达摩

生活时代：南北朝

所学拳派：少林

功法绝技：易筋经

传承弟子：少林弟子

主要贡献：传说创立了少林寺和少林武术

历史影响：★★★★★

金庸的小说《天龙八部》里有一个非常有趣的段落，那就是星宿派的帮主丁春秋以阿紫威逼利诱化名为庄聚贤的游坦之加入星宿派，然后让游坦之争夺武林盟主。这时候，少林寺方丈玄慈大师质疑说星宿派是西域门派，做不了中原的武林盟主。而丁春秋则抛出了这样的狡辩："少林方丈言之差矣！老夫乃山东曲阜人氏，生于圣人之邦，星宿派乃老夫一手创建，怎能说是西域番邦的门派？星宿派虽居处西域，那只不过是老夫暂时隐居之地。你说星宿派是番邦门派，那么孔夫子也是番邦人氏了，可笑啊可笑！说到西域番邦，少林武功源于天竺达摩祖师，连佛教也是西域番邦之物，我看少林派才是西域的门派呢！"这一番话说的少林寺众人哑口无言。

达摩面壁

达摩面壁九年，影子都粘在了石头上。

丁春秋的这句话还真是事实。少林寺作为中国最悠久的武术门派，竟然是由一个外国人开创的，这着实让某些不了解达摩的人吃惊。中国有句俗话"外来的和尚会念经"，如此看来，外来的和尚也会打拳。然而，在之前介绍少林武术的章节里已经说过，达摩所创的大都是导引吐纳之术，要是真跟人真刀真枪的打，估计会被人一砖放倒。那么，达摩对于少林武术究竟有怎样的贡献呢？

（一）

达摩出生于南印度，本名叫做菩提多罗，是南印度国香至王的第三个儿子。达摩出生的年月已经不可考，只知道他活了很大的年纪。达摩出生的时候，距离释迦牟尼的诞生已经过去了近千年的时间。在这段时间里，佛教在印度大行其道，很多王公贵族都信奉此道。达摩作为南印度国的王子从小喜欢佛法。当时的著名佛学大师般若多罗曾经到过南印度国，见达摩心性慧通，于是给他起了达摩这个名字——达摩的意思就是博通。

达摩学到了佛法之后，问自己的老师般若多罗该去什么地方弘扬佛法才最好。般若多罗虽然没有出过国，但对于遥远的东方却是十分清楚。般若多罗说："你应该去震旦（也就是中国）弘扬佛法，不过你要在我圆寂之后六七年再去，过早的去反而会让佛教在震旦衰微。你到了中国之后，不要在南方居住，那儿的人不太信奉佛法。"

达摩在师父去世之后来到了中国。达摩来中国的路线是从印度出发，经过海陆达到广州。虽然达摩的师父嘱咐过达摩不要在南方停留，然而当时的南朝梁武帝萧衍十分崇信佛法，这让达摩觉得南方还是可以传播佛法的。达摩作为一个外籍人士，经过一番折腾，见到了梁朝的皇帝萧衍。两个人就佛法问题深入地交换了意见，但最终没有达成一致。

达摩转而想起了师父的话——大师果然是大师啊。

于是达摩离开了南朝，转而向北魏进发。在经过长江的时候，达摩看到长江的水流湍急，而江边却没有一艘渡船，只在岸边有几棵芦苇。达摩折断了一根芦苇，把它扔在长江里，踏着芦苇就渡过了长江。这就是武林传说中的"一苇渡江"。略有些常识的人都知道，这种情节只能是武侠剧的桥段——不过，据某些专家考证，当时达摩渡江很有可能是乘坐了一艘芦苇做成的小舟，后来以讹传讹才被神化成了"一苇渡江"。

（二）

达摩来到了北魏。北魏也是一个崇信佛教的王朝，其程度较南朝有过之而无不及。看过

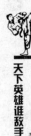
《狄仁杰之通天帝国》的观众都会记得武则天建造的通天佛像，这个纯属虚构，但是在当时北魏帝国的首都洛阳，却有一个丝毫不逊于通天佛像的建筑，那就是永宁寺。根据后来的考古发现，这座塔塔基有 10 000 多平方米，整个塔是完全的木结构建筑，高度则达到了惊人的 147 米。托古代 PM2.5 很少的福，《洛阳伽蓝记》说在一百里外都可以看到这座塔。

这应该是当时世界上最高的建筑。达摩看到这个塔也被彻底震惊了，"口唱南无，合掌连日"，决定留在北方弘扬佛法。洛阳城的居民看到一个面相奇异的印度人在塔前停留数日而不走，都觉得很奇怪。这时候达摩上来跟人搭话了，说自己今年已经 150 岁了，游历了很多国家，从未见过如此宏伟的宝塔。

我们有理由相信，达摩高僧在这里撒了个谎。虽然说达摩饱经风霜，被大自然磨炼出了一副好身体，可 150 岁的老和尚还能四处游历，耳不聋眼不花的实在是不可想象——况且似乎也从来没有一位高僧能活到 150 岁的。

达摩在中国无亲无故，也不能这么一直漂着。达摩最终选择了在嵩山少林寺下榻，而后找了一个山洞，在山洞里整天面壁打坐。达摩这一坐就是九年，以至于最后自己的影子都附着在了石头上，被人称作面壁石。

有关达摩与少林武术的故事，前面我们曾经提到过。那就是达摩在山洞面壁打坐的时候为了舒展筋骨，而模仿一些鸟兽的动作编创了导引之术。对于当时的僧人来说，有这样的武术气功来解乏是很不错的，于是达摩的气功开始在少林寺流传开来。

（三）

达摩的高僧范儿吸引了一批粉丝和拥趸。洛阳城有个叫神光的僧人，喜欢佛法，博览群书，然而一直认为自己缺乏高人的教诲。在别人的介绍之下，他来到了少林寺，想听听达摩的教诲。可是当他来到了少林寺之后，却发现达摩根本不理他，每天早晚只是面壁沉思。这要换成别人，心中所想肯定是你不鸟我我也不鸟你，但神光同学明显觉悟很高。他对自己说："以前的人求学，可以舍弃一切。饿了，把骨头敲开吸取里面的骨髓，从身上扎出血来暂时充饥，割下珍贵的头发掩埋在泥里，或者

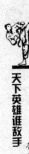

舍身跳崖去喂老虎。古人尚且如此，我又为什么不能呢？"神光也学习达摩，站在达摩门前不走了。那一夜下了很大的雪，都没过了神光的膝盖。达摩却不为所动，说佛法哪是这么容易修成的。神光听了达摩的话，找来一把快刀砍掉了自己的左臂，将之放在达摩面前。第二天，少林寺下起了红色的大雪。

达摩收了神光做徒弟，把他的名字改为慧可。慧可在学习到佛法的同时，应该也学习到了一些武术。之后又过了很多年，达摩去世，被埋葬在河南。有关达摩最为神奇的故事，就是他的"只履西归"。这件事情的缘起是北魏的一个使者出使西域，在葱岭一带遇到了达摩。这时的使者并不知道达摩已死，便问达摩准备前往何方。达摩说自己要回印度去了，然后脱下自己的一只鞋子交给使者，告诉使者北魏皇帝即将去世，让他赶快回去。使者连忙回到洛阳，参加了皇帝的葬礼。然后与身边的朋友谈起了遇到达摩的事情。

朋友们自然不相信，以为是使者喝高了。后来有人提议挖开达摩的棺木看看。等到挖开棺木的时候，所有人都看到里面只有一只鞋子，这才相信了使者的话。

至于达摩所创的《易筋经》，在达摩去世之后也有着一段离奇的经历。达摩的徒弟慧可为了纪念师父，决定把达摩面壁的地方重新修理一下。在修理的过程中，慧可发现了两本书：《易筋经》和《洗髓经》。慧可拿走了《洗髓经》，而其他僧人则拿走了《易筋经》。两本书都是用梵文写成，最开始无人知道这是何物。于是请来识得梵文的人将此书译出，才知道是一本武林秘籍。后来《易筋经》的经历就更为传奇——这本书一开始落到了唐朝初年的"风尘三侠"之一的虬髯客手里，虬髯客传给了自己的妹夫李靖，之后辗转数百年传到了周侗手里——周侗是岳飞的老师——周侗便把这门功夫传了岳飞的副将牛皋。再之后的故事，就只能到武侠小说里去寻找了。

补充：当然，如果读者你足够聪明，肯定能够看出有关达摩的故事，绝大多数都是传说。说来这也不奇怪，达摩这种层次的大仙级人物，没有十个八个的传说实在是对不起他的身份，而如果不把他说成文武全才的大牛，也显然不够给自己的门派增光。虽然如此，我还

是决定写一下达摩的有关故事，至少也能让读者您在阅读武侠小说的时候有个历史背景不是，至于真正的少林武术的创始人，现在大多数研究者认为是少林寺的第二代住持稠禅师。稠禅师少年时期是在河南安阳的邺下寺度过的，而邺下寺一直就有大量的武僧存在，因此稠禅师少年时代在邺下寺学习了大量的武术。稠禅师来到少林寺之后，按照邺下寺的模式开始培养少林寺的武僧，少林寺的习武风气也就渐渐浓厚起来。由此延伸，形成了延续千年的少林武术。

3. 张三丰

生活时代：元末明初

所学拳派：武当武术

功法绝技：武当太极拳

传承弟子：宋远桥、俞莲舟、俞岱岩、张松溪、张翠山、殷利亨、莫声谷

主要贡献：开创了武当武术，同时为中国的武侠小说创作提供了无尽的谈资

历史影响：★ ★ ★ ★ ★

　　每一个武侠故事里，总有一个神一级的大侠存在。而综合来看，江湖人士公认的两个大神就是少林与武当的创派祖师：达摩和张三丰。有关达摩创立少林七十二绝技的说法，大致可以肯定是武侠作家们的幻想，然而张三丰与武当武术的渊源却是真实存在的。只不过，我们的金庸大侠太过能写，一不留神就让人相信他的小说。之前介绍武当武术的时候，已经提到过张三丰、武当七侠与武当武术的关系。在这一节里，我们可以更过地"八一八"张三丰的神奇经历。

邋遢仙人张三丰

偷偷地告诉你，武侠小说里都是骗人的，真实的我，从不洗澡。

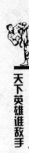

（一）

说到张三丰，你首先会想到的是什么样的形象呢？毫无疑问，你最先想到的应该是一个飘荡着长胡子的清瘦的老人，至少也应该是《倚天屠龙记之魔教教主》里洪金宝那个样子的。在此我要恭喜你……

你答错了。

按照历史的记载，张三丰的个子不高，身材瘦小，至于长相就算是勉强及格吧。他常年云游四方，风餐露宿、冰霜雪雨的肯定是少不了的，在干洗店和护肤产品尚未普及的元代和明代，这么折腾下来，想要一个好形象基本是痴人说梦。邋遢是张三丰留给别人的第一印象，于是张三丰光荣的得名"喇闼""邋遢张仙人"、"遢仙"等诸多光荣称号。如果在今天，张三丰云游在城市街头的话，很有可能被当成流浪乞讨人员直接遣送回原籍。

不过真要把张三丰遣送回原籍也是个麻烦事。因为张三丰的老家在辽宁阜新，在宋朝时期，这属于金国的势力范围，这样说来，遣送张三丰不只要跨省，还要跨国。

　　张三丰的家乡在辽宁这一点已经没有什么争议，然后有关张三丰的生卒年月的考证，却足足忙坏了许多专家们。有人认为张三丰生活在宋代，大致与岳飞生活在同一时代。例如《辞源》里在介绍张三丰时就说："宋代技击家，武当丹士，精拳法，其法主御敌，非遇困危不发，发则必胜。徽宗召之，道梗不前。夜梦玄帝授之拳法。厥明以单丁杀贼百余；遂以绝技名于世"。这就是说，张三丰是宋徽宗时候的人，他的拳法来自于神仙的托梦。后来张三丰的徒弟张松溪也经常跟人说自己的功夫学自孙十三老，而十三老的拳法来源于"宋之张三峰"。

　　另外一种说法认为张三丰是南宋时期的人，生活年代横跨宋元明三朝。有资料认为张三丰的生卒年月是1247—1458年，也就是说张三丰活了211岁。与之前的达摩一样，我们有理由相信，张三丰也撒了个谎。好在当年没有身份证、驾驶证之类的东西，张三丰说自己是南宋时期出生的人也还是有人相信的。不过，张三丰的死亡倒是有历史记载的。在张三丰去世之后，明英宗赐号"通微显化真人"；

217

明宪宗特封号为"韬光尚志真仙"；明世宗赠封他为"清虚元妙真君"。

（二）

梦到神仙教授拳法的故事，在火眼金睛的读者们看来，自然是荒诞不经的传说。有关张三丰武术的来源，比较合理的一个解释是，张三丰云游四方的时候，既要防止被拦路抢劫的劫匪黑掉，也要防范来自各种野生动物的攻击——谁让那个时候生态环境好呢——学点武术来防身是必须的。

至于张三丰武功的师承，那就非常难说了。作为一个云游四方的道士，张三丰很有可能到处学艺，今天跟张三学了两招，明天跟李四学了一手，总之就是把武功练杂了。虽然这可能会被很多人认为是博而不精，但如果你还记得之前门派的那些创派宗师的话，就不难发现把武功练得很杂是创立一门武术的必要条件，否则就只能在别人的窠臼里打转转。当然，从那个年代的流派传承来看，张三丰应该更多地借鉴了峨眉武术的技击方法以及柔克刚、以弱胜强的思路。

　　元朝末年，张三丰来到了武当山，看到遍山的宫观寺庙都毁于战火，十分心痛。张三丰跟同行的弟子们说，这座山以后一定会香火非常旺盛，我们就在这儿修道吧。然后带领着弟子和其他友人将武当山的道观——清理，开始在这儿生活下来。

　　张三丰的预料是没有错的。明朝初年，燕王朱棣发动了靖难之变，最终夺得皇位。为了宣称自己做皇帝的合法性，朱棣说自己的出兵是受真武大神的保佑。这个所谓的真武大神，又叫玄武大神，在道教的体系中是专管北方的神仙，而他的"办公场所"就在北京。也就是说，朱棣对外宣称自己是受了北京的神仙的指示来拿回自己的皇帝位置的。

　　武当山是真武大帝飞升成仙的地方，朱棣自然不该怠慢，派人重修了武当山的道观宫殿，武当山也从此成为中国的道教第一山。这时候在外人嘴里传的神乎其神的张三丰立即受到了国师的礼遇。

（三）

　　少林武僧最初习武的目的是为了保卫寺院

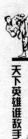

的田产，因此十分强调实战中的威力。与少林不同，张三丰把武术视作修道的一部分，而修道的根本目的就在于调整身体，以求长生。在这个思想的指导下，武当武术首先强调的是养生性，而后才是技击性。所以，张三丰去掉了外家拳法中排打、硬功等功夫的训练，代之以高桩、单操等方式进行练习，强调用"劲"而不是"力"去打击敌人，在养生的同时也提高了自己的格斗能力。由此，张三丰被视作是内家拳的创始人。

从目前的史料来看，张三丰所创的武当武术主要有两种。一种是气功，主要是从宋代人修炼的《八段锦》等气功上演化而来。由于年代久远，已经无法确知当年张三丰所传授的气功是什么样子。另外一种则是大名鼎鼎的太极拳了。张三丰所创的太极拳在当时被称作太极十三势，分别是：起势、抱球势、单推势、探势、托势、扑势、担势、分势、云势、化势、双推势、下势、收势。

由于张三丰的影响力实在太大，太极拳也被传播到许多地方——当然，主要是通过地下渠道。据统计，张三丰所传的太极拳分别演化成了八种不同的风格和十一种流派。其中影响力最大的有两种：一是武当山一脉传授的张祖意合太极拳，另外一个则是与陈式太极拳并称的赵堡太极拳。

除了太极拳之外，受张三丰影响的武学流派还有很多。目前已经公布的有：王屋山邋遢派、自然派、三丰派、三丰正宗自然派、三丰自然派、三清道教、日新派、蓬莱派、檀塔派、隐仙派、武当丹派、犹龙派、赵堡、松溪派、道家云房太极拳、张祖意合太极门等。从中也可以看出张三丰的能量实在是大。

4. 陈王廷

生活时代：1600—1680

所学拳派：太极拳

功法绝技：太极拳

传承弟子：陈氏子弟

主要贡献：近代太极拳的创派宗师

历史影响：★★★★★

虽然大多数人都认定了武当山的那个邋遢道士创造了举世闻名的太极拳，但在太极拳的圈子里，到底是谁创造了太极拳却是个至今争论不休的话题。争论的各方都拿出了大量的史料，但由于所涉及的问题实在太多，在本书有限的篇幅内根本无法一一阐明。但无论是否是陈王廷创造了太极拳，至少可以肯定：陈王廷是陈式太极拳的创派祖师，也是太极拳发展史上的关键人物。

（一）

陈王廷的家在河南温县的陈家沟。其实陈王廷的祖籍不在这儿，他是个地地道道的山西人。明朝初年，朱元璋为了填补中原地区的人口，从人口较多的山西省迁出了数十万人，陈王廷的祖先陈卜便是其中之一。陈卜为人忠厚，而又略通拳脚，在新建的村子里具有很高的威望，所以当时的移民就把新建的村子称为陈卜庄。过了没多久，陈卜发现陈卜庄一代地势低洼，土地的盐碱很大，不适宜耕种，便迁到了附近的常阳村。时间长了，陈氏家族人丁兴旺，一个村子里差不多都是姓陈的人了。因为附近有一条宽阔的河沟，于是此地也就慢慢被称为陈家沟。

　　两百多年以后，陈王廷出生在了这个村子里。陈王廷的父亲和祖父都曾经是明朝的官吏，但具体的职位不详。陈王廷的家境还算殷实，自幼读了些书，武术方面的造诣非常之高。可惜陈王廷出生的年月实在不好。1600年，陈王廷出生的那一年，已经是万历末年，此时的辽东地区，努尔哈赤跟明军正打得火热，农民起义也日渐频繁。

　　这一年距离明朝的灭亡不过还有四十多年的时间。

　　许多武侠小说里将陈王廷描写成反抗明政府的义军首领，或是保镖为生的镖师。不过，陈王廷的父辈是明朝官吏，陈王廷自然做不出反抗朝廷的事情来，而最早的镖局差不多是在陈王廷出生近200年以后才出现的，陈王廷也不可能穿越到乾隆年间去保镖。那么陈王廷年轻时究竟做些什么呢？很遗憾，这些都没多少记载。唯一能够知道的是，在崇祯十四年，也就是公元1641年的时候，陈王廷曾经担任过温县的"乡兵守备"一职，与农民军作战。

　　三年之后，明朝灭亡，江山易主，陈王廷也已经是一个快五十的老人了。陈王廷隐居乡

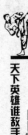

下，造拳自娱，教授弟子儿孙，也算是老有所为、老有所乐。或许陈王廷自己都没有预料到，他自娱自乐之余，竟会创造出一个博大宏阔的拳学体系。

陈王廷所学的武术，除了自家的家传武术外，主要是当时普遍流传的戚继光的练兵拳法。有关戚继光的三十二式长拳，在前面讲述太极拳历史的时候已经有所提及。之所以说陈王廷的太极拳与戚继光的长拳有着很大的关系，是因为陈王廷的太极拳大量吸取了戚继光长拳的招式。例如戚继光的三十二式长拳里有"高探马""懒扎衣""金鸡独立""单鞭""旗鼓式"等，这些招式都被一字不差地搬进了太极拳里。

（二）

说到这儿，有的读者可能会想到，既然陈王廷创立的太极拳一脉是从戚继光的长拳发展而来，那为什么又会有陈王廷创太极拳和张三丰创太极拳之争呢？

这又要提到另外一个人，那就是赵堡太极拳的传人蒋发。

　　无论是正史还是野史，都曾经提到过蒋发与陈王廷的交往。之前说到的赵堡太极拳，因起源于河南温县的赵堡镇而得名。陈家沟和赵堡同处温县，地理位置也不远，因此蒋发与陈王廷有所交往也很正常。据陈王廷的家谱记载，蒋发的武功也很高，有一次二人结伴出去打猎，在黄河岸边发现了一只兔子，陈王廷正要搭弓射之，蒋发一个箭步冲上前去追兔子，还没有跑出一百步，蒋发就抓到了兔子。

　　在争吵的双方眼中，有人认为蒋发是赵堡太极拳的嫡系传人，陈王廷是跟随蒋发学习的太极拳；另一方则认为蒋发虽是赵堡人，却是跟陈王廷交往之后，从陈王廷这儿学习到的太极拳。这就涉及陈氏太极拳到底是山寨产品还是具有独立的知识产权的问题。

　　那么陈王廷与太极拳的关系究竟是怎样呢？首先，陈式太极拳与张三丰的太极十三势在招式和名字上有比较大的区别，除此之外，二者的训练方式也有很大的不同，张三丰的太极十三势主要是拳法的练习，而陈王廷则加入了推手、太极球、抖大杆等练习方式，其目的就是把太极拳变成技击拳法；其次，很有可能

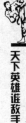

是陈王廷从蒋发那里了解了太极拳的技击原理和发力方式，然后用这个思路对于长拳加以改良，从而创造出了太极拳；第三，关于蒋发跟随陈王廷学习太极拳，我想很有可能是陈王廷借鉴赵堡太极拳创造出了独树一帜的陈氏太极拳，然后二人相互切磋借鉴，但这种切磋在外人看来变成了拜师求学。

陈王廷创编的太极拳共分五路和炮锤一路、一百零八势长拳及双人推手以及刀、枪、棍、棒、锏等套路，完善了太极拳的拳学体系。不过，出生在明清易代之际的陈王廷对于江湖恩怨和朝野纷争早已超然，因此只把太极拳教给了陈家沟的父老乡亲，以至于二百年内竟无人知道有这样一门功夫。这一切直到二百年后，一个叫杨露禅的人的到来，才有所改变。当然，这些对于陈王廷来说都已经是身后事了。去世之前，陈王廷写过一首词来概括自己的一生：

叹当年，披坚执锐，扫荡群氛，几次颠险，蒙恩赐，枉徒然！到而今，年老残喘，只落得《黄庭》一卷随身伴。闷来时造拳，忙来时耕田，趁余闲，教下些子弟儿孙，成龙成虎任方便。欠官粮早完，要私债即还，骄谄勿用，忍让为先，人人道我憨，人人道我颠，常洗耳，不弹冠，笑刹那万户诸侯，兢兢业业不如俺。心中常舒泰，名利总不贪，参透机关，识破邯郸，陶情于鱼水，盘桓乎山川，兴也无干，废也无干。若得个世境安泰、恬淡如常、不忮不求、听其自然，哪管它世态炎凉，权衡相参，成也无关，败也无关，不是神仙，谁是神仙？

5. 杨露禅

生活时代：1799—1872

所学拳派：太极拳

功法绝技：大杆、推手

传承弟子：杨班侯、杨健侯、武禹襄（武氏太极拳创始人）、凌山、万春、全佑、岳柱臣（晚清武状元）

主要贡献：重新整理了太极拳，让太极拳传遍华夏

历史影响：★★★★★

在太极拳的练习者中，杨露禅大概是知名

度最高的一位。多年前吴京主演的电视剧《太极宗师》就是以杨露禅到陈家沟偷师学艺的故事为蓝本改变的，吴京所饰演的杨玉乾的原型就是杨露禅。而在不久前上映的电影《太极》里，导演干脆连杨露禅的名字都没有改。事实上，早在杨露禅还活着的时候，他三赴陈家沟偷拳的故事就已经成为北京市民茶余饭后的谈资。要是在那个年代你没听过杨露禅，就像是今天的人不知道李小龙一样。杨露禅之所以有这么大的名气，实在是因为他对太极拳的发展至关重要。

"偷"来的太极宗师——杨露禅

好！

是谁在偷看？

（一）

出生于河北永年的杨露禅，从小就喜欢武术，然而因为家庭贫困，一直找不到好的老师。年龄稍微大一些的时候，就跑到了县城来打工，而他与太极拳的种种传奇这正是由此开始。

杨露禅打工的那家店面对门是一家名叫太和堂的药店，药店掌柜陈德瑚是河南温县陈家沟人，练过几年的太极拳。不过在当时，世界上还没有太极拳这个名字，陈家沟人把这种他们世代练习的拳法叫做绵拳。某一天，陈德瑚的药店里闯入了几个当地的混混，要用低价强买药店里的药材。

接下来的情节毫无新意。这几个混混在抢劫之前显然没有探听过陈德瑚的底细，被陈德瑚三拳两脚就打出了门外。在对面店里擦桌子的杨露禅目睹了这一过程，心里十分激动，他在店里工作了这么长时间，从来不知道对面还住着这么一位高手。正好，人就住在对面，一边打工一边学拳，再合适不过了。

几天之后，杨露禅登门拜访陈德瑚，问他

几天前打退混混用的是什么拳法。

陈德瑚说，那是绵拳，我自小就练习，到现在也有几十年了。

杨露禅说，那我能不能跟您学习绵拳？

陈德瑚说，我的武艺其实十分粗浅，你要想学习真正的绵拳，可以去河南温县陈家沟找我的师傅陈长兴，我的武功与他相比，简直就是云泥之别。

杨露禅听出了陈德瑚话中的拒绝，同时也想去看看这位陈长兴是怎样的高手，于是辞职、收拾行囊，直奔陈家沟而去。杨露禅这一路走得非常快，据说八百多里的路程，他只走了五天就到了。

（二）

杨露禅到了陈家沟，找到了陈长兴，表达了自己拜师学拳的愿望。陈长兴跟陈德瑚一样委婉地表示了拒绝，还称呼杨露禅为"杨兄"——尽管陈长兴要比杨露禅年龄大很多。事实上，这个拒绝的确够狠，杀伤力与今天表白后对方的那句"我只是把你当哥哥""我只是把你当妹妹"不相上下。

被拒绝的杨露禅在陈家沟做了一段时间的无业游民，而后化装成乞丐混进了陈长兴家做杂役，负责端茶倒水、洒扫庭院之类的工作。在陈长兴教徒弟的时候，杨露禅会假装干活，然后将拳招和口诀一一记下，晚上在自己的房间里勤加练习。后来，在某一次偷看的时候，杨露禅忍不住叫了一声好，被陈长兴发现。陈长兴试了试杨露禅的身手，觉得此子可教，于是答应收杨露禅为徒弟。

在一开始，陈长兴并没有全心全意地教杨露禅，但杨露禅很用心也很勤奋。一晃六年的时间过去，陈长兴告诉杨露禅可以出师了。杨露禅辞别陈长兴，回到了永年县，虽然在比武中打败了很多人，不过他发现自己对于太极拳的领悟还有很大的不足。于是，很快杨露禅再次来到了陈家沟，继续跟随陈长兴学习太极拳。

经过接下来六年的学习，杨露禅的太极拳术突飞猛进，与人交手的拳势非常漂亮，跟他比武的人往往触之即倒，沾之即飞。又过了一两年，杨露禅觉得陈长兴的东西还没有学完，第三次来到了陈家沟。这次，陈长兴将太极拳

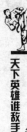
的绝技倾囊相授，杨露禅也尽得太极拳的真传。当杨露禅这次离开陈家沟的时候，距离他第一次来到这里已经过去了十八年的时间。

（三）

杨露禅学成太极拳，回到家乡。十八年的勤学苦练，让杨露禅在永年几乎没有敌手。于是，与今天的很多年轻人一样，杨露禅想寻求更大的发展。在同乡人武禹襄的介绍下，杨露禅离开河北，来到了北京。北漂杨露禅首先来到了一家姓张的财主家做家教，主要工作内容是教一群准备参加武举考试的孩子各种武艺。

杨露禅的武艺十分高强，但做人却十分低调，平日里与家中的其他教师交往不多。在有一次晚上的宴会中，张氏财主家的其他武师们对杨露禅所教的看起来软绵绵的拳法十分不屑，提出要与杨露禅比武，结果都在一两招之内败在了杨露禅的手下。其他地方的武师听闻这件事情之后，也纷纷前来挑战，依然是惨败而归。杨露禅由此名声大噪，被人称为"杨无敌"。

没有"八卦"的名人实在称不上名人，

清末市民的八卦精神一点也不比今天的娱乐记者差。杨露禅成名之后，北京的市民开始到处谈论杨露禅和他的太极拳。更有资深粉丝到处打听杨露禅的各种信息，连他前赴陈家沟学拳的经历都探听得一清二楚。一来二去，杨露禅的名声很快就传到了董海川的耳朵里。

董海川是八卦掌的开山祖师，在当时也享有盛名。俗话说，文无第一，武无第二，董海川听说杨露禅号称"无敌"，有了与杨露禅一较高下的想法。董海川派人给杨露禅送去一封信，信上说要请杨露禅小酌一番，实则是要较技比武。酒过三巡之后，董海川要请杨露禅上梅花桩表演一番太极拳。杨露禅自然明白董海川的想法，一个拧身就上了梅花桩，从容不迫地打起了太极拳。就在大家看得如痴如醉的时候，恭亲王带着随从走了进来。恭亲王看到两位武林高手齐聚一堂，提议两个人在梅花桩上比试一番。这正合董海川比武的意愿，于是两个人飞身上了梅花桩。太极拳和八卦掌都是极富哲理的拳法，招式本就十分漂亮，再经由这两位宗师演练起来，更是万分精彩。但见两人如一对蝴蝶，你来我往，上下穿梭，掌影纷

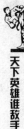
飞，带的长衫也猎猎作响。恭亲王在一旁赞不绝口"八卦董，太极杨，真乃武林双绝"。

这一番较量，二人未分胜负，反而由此成为了至交。有一次，二人一起到德胜门外散步，有一只麻雀在二人眼前飞过。董海川眼疾手快，一跃而起，抓住了这只麻雀，交给杨露禅。杨露禅把麻雀放在手中，轻轻地晃动手掌，麻雀振翅欲飞却无论如何也飞不起来。这是因为鸟在起飞之前，需要先用两只脚蹬地发力，而杨露禅每每在麻雀要发力的一瞬间突然移动手掌，让麻雀无力可借。杨露禅的子孙之中，也有不少人能达到这个境界。

（四）

与董海川一战之后，杨露禅已然名满天下，绵拳的影响力也与日俱增。跟今天的很多白领一样，当时的许多官员身体也处于亚健康状态，需要通过锻炼来调整。不过，对其中的大多数人来说，少林、洪拳之类的闪展腾挪技术难度实在太高，于是便看中了杨露禅所教的绵拳，纷纷请杨露禅到家中来教授绵拳法。

为了让更多的人了解和练习太极拳，一方

面，杨露禅将陈氏太极拳的内功和一些高难度的动作删除，推出了简化版的太极拳，让他们能够在短时间内掌握；另一方面，杨露禅把太极拳的拳架变高，动作幅度变小，速度也放慢，这样即使穿着长衫和官服也能很轻松的练习。如此一来，绵拳不但变得简单易学，而且看起来中正柔和，姿势舒展，刚柔并济，与中国文化所讲究的平淡中和之美与太极生生之道十分契合。绵拳也由此被叫做太极拳。

杨露禅的改动让太极拳走出了陈家沟，成为闻名华夏的武术流派。经他改动和传承的太极拳被人称为杨式太极拳，此后的武氏太极拳、吴氏太极拳、黄氏太极拳、李氏太极拳等都是从杨露禅的太极拳发展而来，形成了今天的蔚然大观。杨氏太极拳的传人杨季子对此有十分精当的概括"谁料豫北陈家拳，却赖冀南杨家传"，可以说，杨露禅是太极拳普及的第一人，也是自陈王廷之后公认的太极拳一代宗师。

6. 霍元甲

生活时代：1868—1910

所学拳派：迷踪拳

功法绝技：迷踪拳

传承弟子：刘振声

主要贡献：将祖传的"秘宗拳"发展为"迷踪艺"；创立了精武体操会

历史影响：★★★★★

霍元甲是谁？这个问题似乎并不难回答。只要你是中国人，肯定听过他的名字，也看过与他相关的小说和影视剧。用"如雷贯耳"来形容霍元甲的影响力，实在是恰如其分。霍元甲的一生并不神秘，但他在各种作品中的形象确实五花八门：有留着白胡子的霍元甲，有年纪轻轻就挂掉了的霍元甲，有梳着平头、背头、小分头的霍元甲，当然还有在多个女人之间进退摇摆的霍元甲……

如果霍元甲能够活过来，要做的第一件事情就是一掌干掉这些编剧。因为真实的霍元甲，其实没有那么多故事，也没有那么多绯闻。

（一）

霍元甲是天津静海人，出生于 1868 年，于 1910 年去世，也就是说霍元甲去世的时候，中国的国号还是大清，所以霍元甲一直是拖着一条大辫子生活的。霍家居住在静海县的小南河村。这个村子在后来被划为镇，叫做南河镇。为纪念霍元甲，多年以前，南河镇被改名为精武镇——听起来还是个蛮霸气的名字。霍元甲的家庭一直以来都有习武的传统，他的父亲霍恩第是一个镖师。霍恩第有三个儿子：霍元卿、霍元甲、霍元栋，霍元甲在家中排行第二。与大多数作品的描写不一样，霍元甲的家境并不富裕，所以霍元甲小时候并没有过上很好的生活。

霍恩第的武艺高强，在镖局圈子里很有威望。其实出乎很多人预料的是，在霍元甲生活的年代，天津才是中国北方最繁华的城市。这是因为北京是清王朝的首都，除了各国的使领馆外，许多商业机构是不准入驻的。外国人无奈之下，只能选择在离北京较近的天津，这样一来，天津就变得十分繁华，以至于许多国外

237

的企业只在天津有分号，北京人要想做买卖只能到天津去。生意多了，保镖的要求自然也就高了，保镖们也就只能加紧练习武艺。霍家几代人都做镖师，如果不出什么意外，霍元甲也会接过父亲的班，成为下一任镖师。

霍元甲自小体弱，父亲霍恩第教给了他一些拳脚用来锻炼身体。武侠小说里描写的霍元甲偷拳，基本属于虚构。霍元甲从小练习的武艺是迷踪拳，这是霍家的家传武艺。各位读者肯定早就听过迷踪拳这个名字了，那么迷踪拳到底是一种什么样的拳法呢？其实迷踪拳的来历与一位梁山好汉还有着莫大的关系——这位好汉就是水泊梁山 TOP 3 的大帅哥浪子燕青。

迷踪拳又叫燕青拳。据说当年燕青因行侠仗义被官府追拿，在逃跑途中进入一片雪地，使出自己的独门步法扰乱了追击人的判断，让自己的行踪成为了一个谜，所以被叫做迷踪拳。后来燕青四海为家，也把自己的拳法传给了很多人。为了不让官府追查出自己的身份，他不让弟子对外人说自己的身份，所以这种拳法的来源也就成了一个秘密，也被叫做"秘踪拳"。无论哪种说法，听起来都有点夸张。

有一种比较靠谱的说法是唐代有位高僧在修行时模仿一种类似猴子的动物——猊猔的行动而创出了这套拳法，所以最开始被叫做"猊猔拳"，之后随着不断的流传，名字也就改成了迷踪拳。

（二）

霍元甲的少年生活就是在学习武术中度过的。到了20多岁的时候，霍元甲已经小有所成，曾经打败过一个上门来挑战的武师。不过，霍元甲对于做镖师没有什么兴趣，再加上家庭条件也比较差，20多岁的霍元甲选择了外出打工，正式成为了一名农民工。

农民工霍元甲选择的打工地点是天津城北门的怀庆药店。由于练过武术，霍元甲的力量非常之大，平常干活的时候能扛起三五个人才能搬动的药材，还能推动两个大青石的碌碡转动，当时人送外号霍大力士。在药店打工的时候，霍元甲认识了药店的掌柜农劲荪。农劲荪曾经留学日本，对于世界的风土人情了解很多。他见霍元甲武艺高强，谈吐也非常好，对他十分欣赏。在霍元甲工作之余，农劲荪与霍

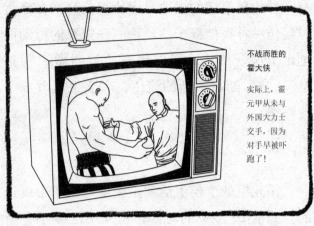

不战而胜的
霍大侠

实际上，霍元甲从未与外国大力士交手，因为对手早被吓跑了！

元甲经常聊天。霍元甲也由此开拓了眼界。然而霍元甲并不了解的是，农劲荪与他交往的另一个目的是受到了孙中山的指示——当时孙中山指示各地要团结一批武术高手，为起义做准备。然而无论如何，从这时候起，霍元甲已经不仅仅是一个农民工了。

　　霍元甲最为人称道的是他曾经打败了外国的大力士——无论在哪种作品里，这都是重点描写的桥段。很不幸，真实的历史是，霍元甲与外国大力士的几场比武基本都是"无疾而终"。最早与霍元甲比武的外国大力士是一个叫斯其凡洛夫的俄国人。1901 年，他来到天津表演，号称打遍中国无敌手。农劲荪觉得需要教训一下这个大力士，增强一下霍元甲的影响力，于是找到霍元甲让他上去挑战。斯其凡洛夫接受了霍元甲的挑战，然而当他私下了解到霍元甲是一个武林高手时，吓得当即决定放弃比武，并登报认错。这比霍元甲在擂台上打败他还要风光得多，一时间，天津的市民无人不知霍元甲。

中国近代历史上有很多中国武师战胜外国大力士的戏码，听来让人热血沸腾，但是我必须告诉你们，其中的大部分比武没有什么意义。因为在当时的世界上，真正的各国高手基本都是在自己的国内混，打职业拳赛或者从事其他职业为生，真正沦落到出国讨生活的基本都是国内三四流的货色，而且其中的很多人不是"拳击手"，而是"大力士"——按照今天的定义，应该属于健美先生加举重教练，让中国的顶尖武林高手跟这种人打，即使打赢了也没什么可骄傲的。

（三）

霍元甲还收了一个徒弟，也就是影视剧中经常提到的刘振声。刘振声在拜师之前已经有

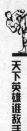

了些名气，属于带艺投师。霍元甲看他十分正直，也有些天分，因此将他收入门下，传其迷踪拳。此外，戊戌变法失败之后，谭嗣同的至交大刀王五曾经来天津避难，与霍元甲成为至交。后来王五被八国联军枭首示众，霍元甲与刘振声潜入京城，盗回首级，最终让友人得以安葬。

除了刚才提到的斯其凡洛夫，被霍元甲吓走的大力士还有来自英国的奥比音，也就是李连杰主演的电影《霍元甲》中，与霍元甲在擂台上比武的那个大个子肌肉男。这个奥比音与斯其凡洛夫的情况类似，也是个来中国捞钱的走穴健美先生，工作地点是上海的一个英国马戏团，其战斗值可想而知。奥比音在擂台上开始各种口出狂言，让人很是生气。农劲荪便想继续推荐霍元甲前去比武。这次的比武与之前几乎一模一样，当奥比音知道霍元甲的实力之后，立即逃回了英国。霍元甲在上海的知名度也随之鹊起。

当然，霍元甲也并非都是靠名气吓走人的。1910 年，也就是霍元甲与奥比音比武的第二年，日本柔道会向霍元甲发出了挑战。霍元甲接受了挑战，但没有亲自动手。

　　说到这儿，还有必要补充一条古代比武的规矩。那就是假如你要向一个武林高手挑战，对方接受了你的挑战，但在最开始并不会亲自上阵，而是先让自己的徒弟出马。这样做的好处很多，首先是徒弟出马，如果徒弟打赢了，以后在江湖上说起来"××人的徒弟打败了你"，这比自己打败他面子更大，即使徒弟打不赢，这也没什么丢人的，毕竟是徒弟嘛；其次，师父一般对徒弟的能力比较了解，可以根据你们比武的过程判断你的功夫的高低，这样心里也好有数。

　　霍元甲派了刘振声上场，刘振声接连战胜了对方五个人。日本方面的武师显然不懂中国比武的规矩，上台之后点名让霍元甲比武。双方刚一交手，日本武师就明显处于下风。不过数招，霍元甲便将日本武师打倒在地。然而在此之后几个月，霍元甲就去世了。这一年，霍元甲不过 42 岁，正是一个武术家的黄金年代。

　　霍元甲在武术史上最为人称道的一件事情是 1910 年在农劲荪等人的协助下，创办了中国精武体操会，后来改名为精武体育会。精武

体育会主张全民习武，用武术来增强国民的体质，对抗国外的侵略。同时号召全国各个门派摒弃门户之见，将自己的武术贡献出来，教授给所有的中国人。这种理念在当时的武林和中国社会中是十分超前的，得到了孙中山等人的赞扬。孙中山曾经亲笔写过"尚武精神"的牌匾赠与霍元甲。可惜许多武侠小说家不识霍元甲的一片苦心，硬是把精武体育会说成"精武门"，把霍元甲的段位一下子拉回到了争山头、抢地盘的武师的水平，这是非常不对的。

7. 李书文

生活时代：1862—1934

所学拳派：八极拳

功法绝技：猛虎硬爬山、大枪

传承弟子：霍殿阁（末代皇帝溥仪武术教师兼侍卫）

李健吾（毛泽东警卫员）

刘云樵（蒋介石卫队武术总教官）

许兰洲（奉军军长，河北国

术馆馆长）

张骧武（中央国术馆副馆长）、马凤图（中央国术馆副馆长）、马英图（中央国术馆教练）、任国栋、那玉昆、柳虎臣、刘予东

主要贡献：将八极拳与劈挂掌熔于一炉；完善了八极拳的大枪技法

历史影响：★ ★ ★ ★

中国有句俗话叫做名师出高徒。用这个标准来衡量，那么李书文就是一位绝对的名师。他的三个徒弟霍殿阁、李健吾和刘云樵曾经先后担任过溥仪、毛泽东和蒋介石的警卫——这在中国的历史上是很罕见的，如果你有兴趣，完全可以以他们师徒四人为题材写一部武侠小说，想来会十分好看——而许兰洲、张骧武、马凤图等都是国术馆的馆长、副馆长一级的人物，其武功也可想而知。虽然有这样牛气冲天的弟子，李书文却是一个低调的人。在当年，除了武术圈的高手之外，他的名字很少有人知道。在那个混乱的时代里，李书文是少数几个

能够称得上大侠的绝顶高手。

（一）

李书文是河北沧州盐山县王南良村人，出生于1862年，比霍元甲大6岁。如果诸位读者还记得之前有关武术门派的介绍的话，就会注意到许多武术门派都是在沧州流传和发展起来的。沧州之所以能成为武术的圣殿，有着多方面的原因：

首先，沧州是交通要冲，无论是商旅行人还是官员镖师，南上北下都要经过沧州，这儿的镖师、护卫人员历来很多。

其次，《水浒传》里惩罚某人的时候，常常有"刺配沧州"这几个字，沧州自唐宋以来便成为犯人的发配之地，这些人大都有高强的武艺，后来就把这些武艺传授给了当地人。

所以当地的地方志记载说："沧邑俗劲武尚气力，轻生死，自古以气节著闻。承平之世，家给人足，趾高气扬，泱泱乎表海之雄风。一旦有事，披肝胆，出死力，以捍卫乡间，虽捐弃顶踵而不恤。"

继续回到李书文身上来。李书文生活的盐

山县自古也是个武术名家辈出的地方，这些武术名家大都以枪法见长，所以这地方历来被称为"神枪窝"。李书文最先学习的是八极拳，他的师父是八极拳的第五代传人张景星。李书文天资聪慧，对武术也有着很大的热情。李书文的家离师父家有十五里地，那个时候没有公交车，也没有自行车，李书文只能步行过去。在路上，李书文不正常走路，而是一步一拳，一步一掌，一步一肘练着走。后来练习大枪时，也是他一边走一边拧着大枪拦、拿、扎。

李书文的功夫精纯到何种程度呢？据他的弟子们回忆，他以掌击空，离窗五尺，窗纸震荡有声，拳力非凡；他曾不断地击打大树以练习掌力，最终家门前的很多大树都被他的拳脚震死。李书文对树练功一直没有停止过，直到晚年还是如此。他跟弟子们说，他的身体里每天都憋着一股劲，不通过打拳释放出来，会十分难受。这也是武术练到精纯的一个标志。

（二）

李书文的勤奋让他颇受师门的器重。在学完八极拳之后，李书文又师从师伯黄士海学习

247

八极拳的大枪。之前我们已经知道大枪是八极拳的重要器械，也是八极拳的看门绝技。八极拳的大枪所使用的兵器就是在战场上搏杀的大枪而非跑江湖的花枪。除了之前提到的不断地练习各种招式之外，为了练好大枪，李书文还想尽了各种办法。他经常用大枪去挑沙袋以增强自己手臂的力量——他在帮助同乡收粮食的时候，可以用大枪把上百斤的粮食挑到房顶上，还可以用大枪挑起几十斤的车轮摇风车似的转。同时，为了练习大枪的精准度，李书文先扎粗树，而后扎细树，接着扎高粱秆，最后用大枪去扎树上的枣，一枪一枣，绝无虚发。

如果你认为练到这一步就已经是极限了，那么你可大大地低估了李书文。李书文觉得这样还不过瘾，便想出了更有才的练习方法。他在镜子上涂满蜂蜜，吸引苍蝇过来。当苍蝇被沾在镜子上之后，李书文就用大枪去扎苍蝇。练到最后，可以一枪刺死苍蝇而不划伤镜子。其大枪技艺可谓炉火纯青。

李书文在黄士海门下学习了六年。学成毕业之后，想来到京城谋一份工作。可是当年的北漂也不容易，李书文找得也很辛苦。李书文的师兄王忠泉把李书文介绍到了一个王府担任护院。在过去，除了皇宫侍卫，王府护院应该是一个大侠能找到的最好工作，太极宗师杨露禅、八卦祖师董海川、单刀铁掌李存义等一代大师都做过这份工作。

由于这份工作实在不错，自然也有很多人垂涎。有一次一个武师前来挑战，结果被李书文一枪打败。照理说，打败了就该回去苦练武艺，过个三年五载的再过来看看 HR 还招不招人，这才是正道。可惜这个武师的心里实在太过阴暗，他写了一块"神枪李"的木牌放在大街上——你可不要以为这是他认赌服输，想替李书文扬名——江湖上从来都是"武无第二"，来来往往的高手们看到这块木牌，自然都想挑战一下李书文。

于是李书文在不知道自己在被人发帖黑了的情况下，在数天之内就接到了许多武林高手的挑战。李书文尽管一肚子的郁闷，可对方都较上劲了，他也不能退缩，便答应与他们公开比武。

在这里还需要补充一下有关古代大侠比武的另一个规矩，那就是如果你想找一个有正式工作的大侠比武，一般是要公开比武的。否则，就你跟对手两个人在小黑屋里比武，是胜是败别人都不知道。以李书文为例，如果他不能公开地打败挑战者的话，那么他的饭碗也就保不住了。

所以李书文还是公开比武了。来挑战的武师有很多，李书文都将他们一一击败。这时候，江湖上的人才知道"神枪李"的名头不是吹出来的。那个本来要黑李书文的武师，反倒替李书文扬了名声。从此以后，李书文也就被人称作"神枪李"。

（三）

1895 年，袁世凯在天津的南郊练兵。袁世凯积极笼络各地的高手来作为军队教练，同时也聘用了一批日本、德国的军事教官来进行训练。李书文的师父黄士海就在被袁世凯邀请的人之中，只是黄士海年事已高，不能胜任，便推荐自己的弟子李书文任教。当李书文跟随黄士海见到袁世凯的时候，袁世凯对干枯瘦小的李书文并不在意。直到李书文接连打败日本的武术教练后，袁世凯方才满意。

　　袁世凯的轻谩留给李书文的印象非常不好，在天津没多长时间，李书文就回到了老家，伺候病重的师父黄士海——因为黄士海无子，李书文作为弟子，就担负起了养老送终的义务。1910 年，俄国的拳击手马托洛夫来华挑战。京津两地的高手上台挑战，结果都被一一击败。这时候，李书文的师父张景星想到了李书文，就派人给李书文送了一封信。李书文接到信件，把黄士海安顿妥当，就来到了北京。

　　如果按照西方拳击比赛的规则，李书文跟马托洛夫是不能比武的，因为马托洛夫是绝对的重量级拳击手，而李书文充其量也就是个羽量级。然而，这是在中国，双方最终还是打了起来。李书文身形瘦小，却异常灵活，冲上前去一招"霸王挥鞭"打在了马托洛夫的左腮上，直接打掉了鸡蛋大小的一块皮。紧接着，李书文抱定了"出手不留情"的心态发出了一记爆肘，直击马托洛夫的肋骨。马托洛夫躲闪不及，肋骨被打断，倒地。台下众人惊呼起来。朝廷本欲授李书文教习的官职，然而李书文以师父需要照料为由拒绝了。宣统皇帝便下令赐金佛一尊以示嘉奖。

虽然李书文的武功可以称得上举世无双，但由于他从小一直在练武，没怎么读书，所以就业渠道还是非常有限的。从北京回来之后，依然是留在家乡教教徒弟，耕种而已。民国成立之后，李书文开始离开家乡，游历四方。在1918年，李书文来到了奉天，见到了自己的老朋友，张作霖手下的将军许兰洲。张作霖久闻神枪李书文的大名，想聘请李书文担任武术教练。自然，这时候又有不服气的人，李书文毫不客气地教训了这些挑战者。后来李书文离开了奉天，但他的弟子们却大量地留在了张作霖的部队内，传播着李书文的武艺。

（四）

李书文的武功究竟有多高，这个恐怕没人说得清。不过，李书文的弟子们却有一些有趣的回忆：

1930年，山东国术馆在济南创建，馆长为李书文的徒弟李景林。在招聘不到合适的教练后，李景林聘请李书文来担任教练。这一年的李书文已经是68岁高龄，但练起招式来依然虎虎生风。他为了给学生示范"探马掌"，将手掌放在马鼻子上，手掌发力，竟然将马直接打趴在地上。还有一次，有人练习枪法时不小心将枪头刺入墙中。有人提议挖开墙砖来取出枪头，李书文却说不用，走上前来，抓住枪身一拧一带，就把枪拔了出来。

李书文的靠山背功夫十分精纯，遇到场院里的黄土墙，经常去贴靠练功。一个贴靠就能把墙放倒。遇到吃草的黄牛，李书文也喜欢去挑战一下，也是把老牛一靠一个滚。

李书文小时候长期步行到师父家练武，因此练出了好脚力。六七十岁的时候，他的徒子徒孙们也远远追不上他。有的时候，李书文会故意比他们晚走一两个时辰，却还是可以轻松地追上他们。李书文的精力也很旺盛，他的徒弟们还在睡觉的时候，他已经起来练功了，经常让徒弟们非常汗颜……

诸如此类的事情数不胜数。总之，在徒弟们的心中，李书文就是神一样的存在。

李书文的成名绝技是"猛虎硬爬山"，这一招取老虎上山之气势，是八极拳里最为刚猛霸道的一招。李书文将这一招练到了极致，以至于他晚年时常感慨，很多人跟他比武都不曾见过他出第二招。除此之外，李书文的轻功也很好。即使在晚年，他的突跨也常常令对手防不胜防——常常是眨眼之间，五六米外的拳头就落在了自己的脸上。

对于整个的武术史来说，李书文最大的贡献是将八极拳、劈挂掌、太极拳、形意拳、少林拳等拳法融合在一起，开创了八极拳的全新境界。在李书文之前，八极拳虽然威力极大，但却被认为是下三流的武学，不能跟太极拳、八卦掌和形意拳相提并论。但在李书文之后，八极拳的名气日渐上涨，谁也不敢轻视这门拳法了。

李书文一生弟子众多，收徒也没有门户之见，据有关资料统计，李书文一生的徒弟有数百位，出名的有霍殿阁、张子林、李萼堂、孟宪忠、曾宝发、曾宝长、王树江、许家福、许家禄、崔长友、孙桂林、李萍兴、刘利雄、刘云樵等人。在他担任奉军武术教练的期间，许兰洲、任国栋、陈富贵、张骧伍、那玉昆、刘序东、柳虎臣、沈鸿烈、李景林、韩复榘、夏鹤一等后来名噪一时的名将也都是他的学生。

1934 年，72 岁的李书文在指导徒孙们练武时，坐在练武场的椅子上无疾而终。李书文去世之后，他的徒弟们将他的灵柩运回了老家，葬在那里。李书文的坟冢保存得非常完好，至今仍然有很多八极拳的门徒前往吊唁，缅怀这位绝顶高手。作为一个武术家，这应该是比任何"神枪"之类的称呼都更有价值的肯定。

8. 郭云深

生活时代：1820—1901

所学拳派：八极拳、形意拳

功法绝技：半步崩拳

传承弟子：李魁元、许占鳌、钱砚堂、王芗斋、李存义、孙禄堂（再传弟子）

主要贡献：意拳的集大成者

历史影响：★★★★

形意拳是内三家里创派最早，也是最有影响力的拳法，历代高手辈出，其传人也遍布各个行业。在形意拳的传人里，影响力最大的应该就是"半步崩拳闯天下"的郭云深和后来

成为大太监李莲英的护院总管的尚云祥。有关尚云祥的故事，我们后面再说。在这一节里，可以说一说有关郭云深的奇闻趣事。

（一）

郭云深出生于 1820 年，是河北深县人。与很多武术家一样，郭云深小时候家里也比较贫穷，所以很早的时候就开始闯荡四方，学习武术。郭云深一开始是在易县跟随孙亭立学习八极拳。在学习八极拳的时候，郭云深认识了师兄刘晓兰。刘晓兰对郭云深非常照顾，也很看好郭云深。学习了一段时间之后，刘晓兰看郭云深学得也差不多了，就推荐他去跟自己的另外一个老师李洛能学习形意拳。

这是一个影响深远的建议，因为如果要给当时的武林人物来一个华山论剑，那么李洛能是绝对能闯进 TOP 5 里面的。话说李洛能当年也不是个省油的灯，练了几年的功夫之后，就四处找人比武。有一天，李洛能来到了山西祁县，拉开场子练武，号称自己打遍山西无敌手。不过，李洛能这样做的深层次目的是吸引高手露面，自己可以学两手。李洛能的举动很快有了回复。村子里一个叫做郭维汉的教书先生听说了有人在摆场子练拳，就前来观看。李洛能看来人不过是一个文质彬彬的教书先生，起先并未在意。郭维汉看李洛能演练了一些拳脚，便提出要与他比武。李洛能欣然同意，却在数招之内就败在了郭维汉手下。李洛能羞愧难当，想拜郭维汉为师。郭维汉没有同意，而是将他介绍给了自己的师父，也就是当时的另一位绝顶高手——戴龙邦。

戴龙邦是形意拳的第三代传人，门徒众多。戴龙邦对李洛能还比较满意，收他为徒。为了让自己不至于饿着，李洛能在戴龙邦的住所附近租了十多亩地，白天种菜，晚上学拳。经过十多年的时间，李洛能已然成为一代高手。为了检验李洛能的武学修为，戴龙邦身穿护心镜，让李洛能前来攻击。结果，李洛能最终打破了护心镜。戴龙邦这时确定李洛能可以出师了。之后，李洛能打败了许多高手，在江湖上被称为"神拳李洛能"（也有人叫神拳李老能）。

李洛能也是河北深县人。凭借着与他的老乡关系，郭云深很轻松地成为了李洛能的徒弟。对于郭云深这种带艺投师的弟子，李洛能一开始并不想收，郭云深便将自己所学的八极拳和枪法演练给李洛能看。李洛能看郭云深的手法纯熟，功夫也还不错，就同意了收他为徒。这时候，李洛能租种的菜园还在，李洛能每天也要种菜谋生。郭云深就帮助李洛能种菜、卖菜，各种事情都非常勤快。李洛能最终将形意拳的各种绝技倾囊相授。

（二）

郭云深在李洛能门下学了十二年，最终学就了一身本事。据当时的人说，他练拳时静如泰山，动如飞鸟。如果遭遇不测，不管对方拳脚有多快，都能迅速避开。有一次郭云深想试一下自己的功夫，就让五个壮汉各拿一根粗木棍顶在自己的腹部。郭云深一个转腰，就把五个人顶出一丈开外。

郭云深学成之后，离开了李洛能门下，回到了自己的家乡。郭云深为人仗义，经常替人出头。后来有一次，他因替人出头，犯上了人命官司，被抓到监狱里。郭云深向我们深刻的展示了什么叫做勤奋好学——监狱里的郭云深仍然日日练拳。但是因为他的脚上和手上有镣铐，不能够再像以前那样迈出整步来练拳，于是就将以前的一步改为半步，拳法主要练习的也是运动幅度较小的崩拳。

在监狱里，郭云深练出了自己的绝招——半步崩拳。出狱之后，郭云深以半步崩拳战胜了很多敌人，被当时的人叫做"半步崩拳打天下"。所谓树大招风，郭云深的名气够响，却招致了一些人的不满。在当时的河北安县，有一个绰号叫"鬼八卦"的焦洛夫自称高手，因为他曾经打败过董海川的八大弟子之一——大枪刘德宽。焦洛夫对郭云深的名号很不服气，前来挑战，结果被郭云深一拳就打倒在地。

焦洛夫觉得很丢面子。回家之后，日日冥思苦想。在一次做饭的时候，他看到家人切萝卜的动作时忽然悟到砍法可以破崩拳。说起来，这个发现也不算多有独创性，中国武术中有一句话叫做"以直消横，以横消直"，也就是说如果对方用的是横劲（比如崩拳），可以用垂直方向的力量去制伏（例如劈锤），而焦洛夫显然对这些东西不甚了解。不过，焦洛夫还是日日苦练，希望将来能够打败郭云深，挣回面子。苦练多年之后，焦洛夫可以一掌劈断碗口粗的白蜡木杆。

这时候的焦洛夫认为已经可以打败郭云深，于是再次前来挑战。这次比武，尽管焦洛夫已经掌握了破解崩拳的办法，但郭云深的速度和力量却远远超过了焦洛夫。未及反应，焦洛夫又被击倒在地。二次失败的焦洛夫又开始琢磨自己的拳法问题出在哪儿。想来想去，焦洛夫认为自己应该换一种攻击方式。于是，在第三次比武的时候，焦洛夫不再下劈，而是用上挑的方式化掉郭云深的劲力。这显然在郭云深的预料之外，好在郭云深的对阵经验十分丰富，立即变招卸掉了对方的上挑之力，紧接着崩拳直进，打在焦洛夫的胸口上。焦洛夫又一次被打倒在地。"郭云深三胜鬼子焦"的事情迅速成为当年武林的头号新闻。

郭云深一生淡泊名利，后半生基本上就是在家养老、教徒弟。郭云深的徒弟相对不算多，却个个都是拿得出手的。例如，同为他老乡的王芗斋后来开创了意拳一派，而另外一个徒弟孙禄堂则将八卦掌、形意拳和太极拳融成一体，创造出了独树一帜的孙氏太极拳。除此之外，郭云深还系统地总结了以往的形意拳流派，写出了《能说形意拳经》一书，是形意拳历史上较早的专门性的著作。

9. 洪熙官

生活时代：明末清初

所学拳派：少林拳、洪拳

功法绝技：洪拳

传承弟子：陈东发

主要贡献：洪拳的创造者之一；参加了反清复明的活动

历史影响：★★★★

在这个世界上，只要是名人，基本上没有不被八卦过的。当香港的武侠电影兴起之后，广东、福建地区无数的高手们都成为了编剧们争抢的对象。方世玉、洪熙官、黄飞鸿、苏乞儿……这些银幕上的英雄在历史上也真实地存在着，然而却并没有小说里那么神勇。在这群高手里面，首先要提到的是洪熙官。

（一）

　　洪熙官是广东花县——也就是现在的广州市花都区人。洪熙官的生卒年月已经不详，但可以确定他大概是明末清初时候的人。洪熙官的师父是明末时期的一代宗师蔡九仪。蔡九仪也是广东人，但从青年时期起就跟随明末的名将洪承畴驻扎辽东。后来洪承畴降清，蔡九仪愤然离开了部队，投奔了河南嵩山少林寺，在少林寺里学了八年的武功。

　　蔡九仪学习武功的目的，除了防身自保之外，还因为他想培养一批反清的人才。蔡九仪回到广东之后，开始广泛地收徒教授武功。洪熙官在亲戚的引荐下拜入了蔡九仪的门下学习少林武功。洪熙官天资聪慧，又勤学苦练，没有多长时间就已经小有所成。为了躲避朝廷的追查，蔡九仪带领洪熙官等人躲入了南少林，一边避难一边学习武功。然而，几年之后，不知道什么人把这个消息通报给了朝廷。清廷派出重兵围剿南少林，在一片喊杀声中，南少林化为一片灰烬。而洪熙官、方世玉等人则潜逃回了广东，继续从事反清复明的事业。

逃到了广东之后的洪熙官隐居在广州的大佛寺中继续修炼少林武功。就在这时候，平南王尚可喜向朝廷上书请求"退休"，接着康熙皇帝发布谕令让平西王吴三桂和靖南王耿精忠撤藩。这道命令的结果众所周知——吴三桂联络尚可喜的儿子尚之信参与谋乱，并且派遣间谍在广东组织反清的地下武装。在这样的环境下，洪熙官认为反清复明的时机已经到来，也以自己的方式组织反清的势力。洪熙官在大佛寺聚集了一批高手，同时在城外的一所禅寺里也建立了据点，由方世玉兄弟负责。方世玉家是做丝绸生意的，方世玉便利用家里存放丝绸的仓库作为集会的场所，把在自己家里打工的纺织工人发展成为会员。可惜这些纺织工人大都是市井小民，经常去跟人打架，而且一旦被抓进衙门就什么都招了。最终，洪熙官和方世玉的举动被朝廷发现了，接下来又是一场大逃亡。

洪熙官很有些屡败屡战的精神。在突出重围后，洪熙官逃到了广东肇庆，继续组织反清活动。洪熙官把此次反清活动的基地选在了肇庆鼎湖山的庆云寺，他在寺里广纳徒弟。可

263

惜，这个时候的洪熙官再次遭遇厄运——他们的活动被人告发，清廷又一次派人包围了庆云寺。洪熙官仗着自己的绝学杀出重围，隐遁于江湖之中。

（二）

受到多次打击的洪熙官对反清复明的事业逐渐失去了信心。洪熙官隐居在大榄永宁洪山村附近，依然以教拳授徒谋生。洪熙官有个儿子叫洪文定（就是李连杰主演的电影《新少林五祖》里的谢苗扮演的角色），有一次去洪山村寻找父亲的下落。在途中，他遇到了一个叫陈东发的人。陈东发也是个武术爱好者，一直想拜名师学艺。当陈东发知道他是洪熙官的儿子时，故意说路程太远，要到第二天才能起身，把洪文定留宿在了自己的家中。在洪文定熟睡的时候，陈东发往洪文定的包袱里放了一些银两。

第二天两个人一起来到了洪熙官的住处。洪熙官打开洪文定的包袱，发现里面有很多白银，就问洪文定是怎么回事。洪文定一时间也不知是怎么回事。陈东发便说这是自己的一点心意，想拜洪熙官为师。洪熙官与陈东发交流之后，见陈东发为人忠厚老实，就答应了他。

这个时候的洪熙官已经是一代武术大师。他将少林拳与南拳的很多功法融合起来，创立了一种独有的拳法。因为洪熙官的姓氏是洪，所以这种拳法就被称作"洪拳"。当然，洪拳的得名说法众多，这可以看作是其中之一。洪熙官创立洪拳之后，将洪拳绝技都教授给了陈东发。

然而，洪熙官虽是大侠，却也有一个武林中人的通病，那就是教学的时候会留一手。其实，在古代，那些靠教徒弟为生的拳师们不到最后时刻一般不会把绝招教给徒弟，一来是为了防止徒弟抢了师父的风头，还有就是你把所有的绝招都教给了徒弟，徒弟把东西学完了，自然也就不会继续交学费了。洪熙官也是如此。去世前不久的某一天，洪熙官把陈东发叫到病床前，让陈东发扎好马步，然后把手按在了陈东发的头上让他起立。陈东发使尽了全身力气，却不能站起来。洪熙官便告诉他如何移动脚的位置，如何发力，经过调整之后，陈东发可以轻松地站起来了。这时候，洪熙官对陈

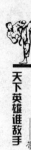

东发说："我一生的武功已全部教给你了，今后要好好做人，不可妄自逞强"。这之后不久，洪熙官就去世了。

说起来，洪熙官的一生其实还是很憋屈的。他从少年时期起就立志反清复明，却不断地受到各种打击，直到去世，也未能成功。然而，换个角度来说，作为南拳的一代宗师，他却给后人留下了太多的东西。总之，在我看来，洪熙官是一个失败的英雄，却也是一个成功的大侠。

10. 董海川

生活时代：1797—1882

所学拳派：八卦掌

功法绝技：八卦掌

传承弟子：有尹福、程廷华、马维祺、史计栋、宋长荣、宋永祥、魏吉祥、樊志涌

主要贡献：创立了八卦掌

历史影响：★★★★★

自从武侠小说诞生之后，有关其中各种人物的武功高低的排名的讨论就没有停止过。这

太极宗师杨露禅　　　　八卦掌门董海川

些排名又尤以金庸的小说为最甚。那么你认为金庸小说里的高手TOP 5是谁呢？扫地僧？东方不败？独孤求败？黄裳？王重阳？前朝太监？……有网友对此总结说：不管第一高手是谁，反正都不是什么正常人。

其实这也不能怪武侠小说家们，毕竟武林大侠的生活离普通人很是遥远，大侠们有那么高的武功，难免不引起别人的猜想。于是，大侠们就有了不一样的人生历程，意外获得秘籍的、机缘巧合获得高人传授的……当然，最狠的就是"欲练此功，必先自宫"。也许你认为这只是武侠小说里的故事，但其实在清朝时期，却有一位大侠也饱受这种传言的侵扰。他被说成是义军首领，为了避祸躲进了皇宫，把自己弄成了太监，然后练就了一身武林绝学。这个被八卦了的大侠就是董海川。

（一）

接下来还是说说那个历史上真实的董海川。董海川出生于1797年，是河北省文安县人。董海川的祖上也是山西洪洞人——说到这里，可以想象山西人为中国武术做了多少贡献——于明朝初年迁到了河北藁城，后来又迁到文安县。董海川的父亲叫董守业，有三个儿子：长子德魁、次子明魁、三子武魁，董海川就是老二明魁。董海川小时候与堂兄董宪的关系非常密切。董宪能文能武，也是一表人才，是当时的偶像级人物。董海川小时候受董宪的影响，也非常喜欢练武。董海川天资聪颖，很多招式一点就通。遇到不平之事，董海川也时常仗义出手。不过，之前我们也知道，大侠们远没有小说中那么潇洒，打了人、杀了人都是要被抓起来的。董海川为了不至于给家人招来麻烦，闯荡江湖的时候就把自己的名字"明魁"改为了"海川"。

董海川身材魁梧，臂长力大，身体里也藏着一颗不安分的心。或许是觉得家乡务农的生活太过平淡，26岁那一年，董海川因为替人出头，误伤了别人，开始了逃亡生涯。他辞别了亲人，开始漫游全国。这一走就是13年的时间。等董海川再一次回到老家的时候，他已经是40岁的中年人了。这时的董海川在家里隐居起来，传授武术，一般都闭门不出。偶尔会外出数日，家人也不知道他去做什么。

这时的董海川已经学到了八卦掌。虽然大多数人都认为八卦掌是由董海川创造的，但董海川却一直说自己是在云游的过程中在九华山遇到了"云盘老祖"，得其真传。这种说法的真伪大可以不放在心上，因为中国武术历来讲究师门传承，即使再厉害的大侠，也不敢对外说某门武术是由自己所创，比如形意拳尊岳飞为祖师、峨眉武术尊白猿道人为祖师等等。

接下来发生的事情，就是绝对的八卦爆点。董海川的墓志铭里说："不意中年蹈司马公之故辙，竟充宦官"。这篇墓志铭为董海川的弟子们所写，其中言语应该基本属实。那么

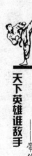

董海川究竟为何成为了太监呢？有关这一点，江湖上流传着许多说法。有人认为这是董海川行侠仗义的时候误伤了人命，有人认为董海川曾经加入过太平军和捻军，总而言之，董海川犯下过很重的罪。按照清朝的规定，犯了重罪，净身当差可以免于一死。董海川在朋友的保举下，进入了皇宫，成为了一名太监。

（二）

然而这个时候的董海川已经是 50 岁左右的人了。一般来说，这个年龄的太监们都该想着退休回家养老的问题了。董海川在皇宫里还是不改自己嫉恶如仇的脾气，这不免引起同行的猜忌。董海川无奈之下，给主管领导写了一份申请调职的报告。主管领导还算通情达理，把他改派到了肃王府听差。肃王看董海川年龄比较大了，便给他安排了一间单独的房间居住。

董海川在肃王府的生活比较平静。直到有一天，肃王府在宴请客人的时候，想临时安排两个节目给客人助兴。然而跳舞唱歌之类的，客人们早就看腻了。于是肃王叫来自己的护院总管为大家演练武术。护院总管很卖力地演练，迎来一片叫好声，围观的人一层一层，越来越多。恰在这时，董海川要过来给客人上茶，见宾客已经把路都堵死了，便提身越过数人，来到了大殿。这让肃王和在座的宾客都吃了一惊，以为遇到了练过《葵花宝典》的主儿。肃王见董海川有如此身手，便让董海川为大家表演。董海川便开始演练自己的八卦掌技艺。但见董海川原地站定，然后按照八卦的方位开始行走，动作如行云流水，比护院总管好得实在是太多。

护院总管十分不服，要上来与董海川挑战。结果自然是很明显的，数招之内，董海川就把护院总管打倒在地上。从这以后，董海川就成了肃王府的护院总管。董海川的名气越来越大，从这以后，找董海川练拳的人也越来越多，"请艺者自通显以至士贾与达官等几及千人，各授一艺"。董海川还曾经游历过塞外，被一群手执兵器的人围攻。董海川以一敌多，迅捷如风，在一旁观看的无不称其神勇。

多年以后，京城里来了一个中年人。这个人以太极拳打败了无数好手，扬名京城，被人

称为"杨无敌"——没错，这个中年人就是杨式太极拳的创始人杨露禅。董海川听说杨露禅号称"杨无敌"自然不是很服气，就找了个机会给杨露禅下了战书。当时的杨露禅是在瑞王府工作，董海川便到了瑞王府上与杨露禅比武。比武的结果是未分胜负——当然，这个结果中有没有水分，那就只有当事人知道了。

董海川还是一个兵器制造家。除了常规的刀枪剑戟之外，董海川还创编出了鸡爪钺、鸳鸯钺等兵器。这些兵器的用法，在前面的武器章节中已经有过说明。晚年的董海川把主要的精力都放在了教授徒弟上，同时他的功夫也越发精熟——据说董海川弥留之际，他的门徒们曾经试着掰开他的手足，但他仍如铁汉一样结实。三天之后，董海川在家中端坐而逝，神态安详，看到的人都认为董海川这是羽化成仙了。

董海川去世之后，他的徒子徒孙们集体安葬了他，并且给他撰写了墓志铭。这也是今天的人了解这位武术宗师最重要的资料。董海川的后半生门徒众多，仅在他墓志铭上留名字的就有数十人。正是这些门徒们将八卦掌不断地发扬光大，从而让中国武术更加多元。

11. 王芗斋

生活时代：1885—1963

所学拳派：形意拳、心意拳、意拳（大成拳）

功法绝技：断手

传承弟子：周子炎、洪连顺、韩樵、姚宗勋

主要贡献：意拳的集大成者；创立了大成拳，开创了内家拳的新境界

历史影响：★★★★

王芗斋或许是中国武术中最容易被忽视的一个角色。作为意拳的创始人，他集太极、八卦、形意等诸般武艺于一身，融通百家，学贯古今，是名副其实的一代宗师。但是，王芗斋的知名度却不是很高，除了少数的武术爱好者，恐怕大多读者都是第一次接触这个名字。出现这种情况，绝非王芗斋的武功不济，而是他为人实在低调——王芗斋创立意拳之后极少与人交手，晚年更是不再教授技击拳法，而专

心于中医事业，王芗斋虽然是一代宗师，却少有人知。

<h2 style="text-align:center">（一）</h2>

王芗斋出生于 1885 年，是河北深县人。现在你是不是觉得河北深县是个很熟悉的名字？没错，如果你还没忘掉前面的内容的话，你应该能记得形意拳的几位大师李洛能、郭云深、刘奇兰等都是深县人。深县与沧州的情况十分类似，历来也是习武成风，名家辈出。王芗斋的家在深县的魏家林村，与郭云深的老家马庄紧紧挨着。王家与郭家历来就有交情，十分熟络。王家人有心想让王芗斋跟随郭云深学习形意拳，但郭云深并没有同意。

这当然不是郭云深耍大牌，而是王芗斋自幼体弱多病，哮喘十分严重。郭云深觉得王芗斋的体质太差，吃不了练拳的苦。就在这时候，郭云深的儿子在一次骑马中不幸坠马身亡，而郭云深此时年事已高，也需要有人照料。经过郭云深的亲戚赵乐亭的不断说和，郭云深最终同意了收王芗斋为徒。

虽然一开始郭云深不愿意收王芗斋为徒，

但王芗斋入门之后，郭云深还是非常负责的教拳。没过多久，郭云深看出王芗斋是练武的苗子，对他也是严格要求。郭云深晚年腿有疾病，一般都不下床，就坐在床上给王芗斋搭手教拳。王芗斋则按照师父的传授在炕下站桩练功。到了冬天，郭云深起床后，要先看看王芗斋脚下的土是否已经被汗水浸湿。如果不够，则会严厉斥责，让他继续练，直到地下湿透才能休息。

形意拳的三体式是很能调养身体的。站了一段时间的桩之后，王芗斋的身体果然好得多了。正是由于这段经历，后来王芗斋十分重视桩功的作用，桩功也成为意拳练习的基本功法。

在王芗斋之前，郭云深收过很多徒弟，但极少有人能传承他的衣钵。郭云深在王芗斋身上看到了练武的潜质，准备教授给王芗斋一些独门秘技。既然是秘技，那么这些招式肯定不能跟大多数人练习的一样。可惜十几岁的王芗斋不明白这一点，当他看到其他的师兄弟们在院子里热热闹闹的练拳，而自己只能在房间里练一些自己也不明白有什么用的拳法时，王芗

斋首先想到的不是我有多么幸运，而是——我被孤立了。紧接着，王芗斋想到师父是不是不喜欢我……

想了这么多，王芗斋决定偷偷跑出去跟师兄弟们学习拳法。这种行为被郭云深发现之后，郭云深十分生气，指着王芗斋的鼻子骂道："玉皇大帝在此，你不向他学习，反而各处找土地爷，跟他们能学会什么"。小王芗斋乖乖地跟师父回房间练拳去了。所以后人认为，郭云深的弟子虽然众多，但是能够得到真传的只有王芗斋一人。事实上，王芗斋不仅得到了郭云深的真传，还将其发扬光大——现在的武术家谈到当年的河北形意拳，一般将其分为三派：一是以刘奇兰先生弟子李存义为代表的保守派；二是以李魁元先生弟子孙福全为代表的综合派；三是以郭云深先生弟子王芗斋为代表的心意派。

（二）

王芗斋在江湖上第一次露脸是因为一次丢镖事故。那是在 1903 年，保定一家镖局的镖师丢了一笔镖。这位镖师曾经是郭云深的徒弟，便求助于郭云深，想让郭云深出山帮忙讨回镖货。郭云深说自己年事已高，不能出山，但禁不住这人的再三请求，就派王芗斋去保定。这一年的王芗斋只有 18 岁。对方镖局看到郭云深派来的就是这么一个小娃娃，脸上露出不悦之色，但顾及到这是自己的师弟，也不便发作。

第二天起床后，王芗斋闲来无事，在院子里四处瞎逛。他看到院子里的兵器架上有很多兵器，就顺手拔出一根白蜡杆子试手。这时候镖局伙计看到，大惊失色。因为在古代，如果你擅自动了镖局兵器架上的武器，就表示你要上门挑战。王芗斋的师兄听说了这件事，立即赶过来，拍着王芗斋的手腕说："这东西不能乱动"。师兄的话还没说完，王芗斋手一抖，他便跌出一丈开外。镖师吃惊之余，说道："这才是形意拳的真功夫"。王芗斋回去之后，将这件事情告诉了郭云深。不料郭云深却很淡定地说："他们没有站过桩，是发不出这个劲来的"。这时候王芗斋才明白当年老师的良苦用心。

这之后没多久，郭云深就去世了。安葬好

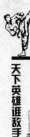

了郭云深之后，王芗斋决定外出闯荡一下，就跟随几个同乡前往绥远（也就是今天的内蒙古）一带经商。途中遇到了10多个劫匪，王芗斋徒手便将歹徒全部击散。

人在外地的王芗斋觉得十分孤寂，渐渐染上了赌博的恶习。王芗斋的母亲对此十分生气，严厉地斥责了他。王芗斋也觉得绥远没什么意思，就想到京城去做个北漂。无奈身上的钱所剩无几，在半路中就全部花光了。后来到了一家包子铺，吃了顿霸王餐。店主知道实情以后，便介绍他投军。王芗斋在军中先后做过伙夫、杂役等职务，干的都是粗活、累活。不过王芗斋长得比较帅，为人也算慷慨，在军中倒是交下了不少朋友。

有一天，一个士兵看到王芗斋挑着水快步往前走，想做个恶作剧。等王芗斋过去的时候，这个士兵伸出脚来要绊倒王芗斋，然而自己却先倒在了地上，王芗斋的桶也还稳稳地在肩上。一边准备看热闹的士兵也都十分吃惊。恰好在这时候，有一个将领看到了这一幕，就问王芗斋是不是练过武术。王芗斋据实相告，这个将领十分高兴。与王芗斋亲切地交流之后，这个将领做出了一个重大决定：将自己的女儿许配给他。

这是什么？这是绝对的"逆袭"啊！此时的王芗斋一无所有，只有一身的武术。而这位将领不但职位较高，也算是身出名门——他的祖先是吴三桂（虽然不算是什么正经的名门）。王芗斋先生结婚之后，在妻子的教育下开始读书、写字，不出几年，已经能够写得一手好字。更为难得的是，王芗斋的夫人也喜欢武术，从小练习过形意拳，所以夫妻俩也有着很多的共同语言。

（三）

王芗斋结婚之后，开始琢磨着找份合适的工作。当时的武术家大都想到军队里谋职，王芗斋也不例外。王芗斋曾在徐树铮将军的邀请下去其家里担任武术教师。在接风宴上，王芗斋碰到了徐树铮的武术教师李瑞东。其时，王芗斋先到，李瑞东后到。当李瑞东到来的时候，王芗斋出门迎接，扶了李瑞东一下。这一扶看似谦让，实则是双方互相较力。李瑞东已经年老，力量上较王芗斋差了许多，一试之

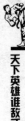
下，就知道不是对手。于是，李瑞东在宴席上没说几句话就走人了，之后不长时间便郁郁而终。王芗斋每每谈到这件事情，便十分悔恨自己当年的年轻气盛。

此后王芗斋随徐树铮南上北下，结交了不少武林高手。他曾在福建与鹤拳高手方永苍比武，两人比武十场，王芗斋胜了四次，败了六次。方永苍说："我虽六胜，但胜得勉强，拖泥带水。你摔我则摔得干净利落。我不承认是胜，你也不能承认是输"。从方永苍身上，王芗斋学到了不少技艺。此外，他还跟淮南的拳术名家黄慕樵学习过"健舞"。王芗斋曾这样记述他第一次见到的健舞，"身动挥浪舞，意力水面行，游龙白鹤戏，迂回似蛇惊"。王芗斋将健舞改良，融入意拳之中，其势起似龙蛟挟浪，落似雾里伏豹，蛇惊猫步，柔若无骨，静若处女，炸似惊雷，开合气度十分之大。

这个时候的王芗斋开始系统地整理自己的所学。王芗斋认为内家拳的本质是意和气的配合，而意又在气的前面，因此将自己所创制的这套拳法称为意拳。意拳的拳法极其简单，但实力惊人。1929年，时年44岁的王芗斋写出了《意拳正轨》一书，至此意拳正式出现在了中国武术的历史上。在成名之后，曾有许多名家前来挑战，都被王芗斋一一击败。到了1939年，王芗斋为了应对武术界的质疑，在报纸上刊登了声明，欢迎各地高手前来切磋。

与之前的比武规矩一样，王芗斋并不直接上手，而是由自己的弟子周子炎、洪连顺、韩樵、姚宗勋四人出马。前来挑战者可以挑选四人中的任意一人作为对手。虽然挑战者众多，但最终都败在了四大弟子的手下。武术名家张玉衡先生由此提议把意拳改名为"大成拳"，寓意集中国武术于大成。王芗斋却说："武术本是个学无止境的东西，哪有大成之理"。然而，对张玉衡盛情难却，王芗斋还是用了大成拳这个名字。在后来出版的《大成拳论》中，王芗斋提到了这一点。

（四）

抗战结束之后，王芗斋已然是一个年过花甲的老人。这时的王芗斋更加注重武术的健身功能。他经过常年的行医，发现意拳的站桩能够很好地调节身体，治疗一些药物难以医治的

慢性病。没过多长时间，跟随王芗斋练拳的人越来越多。到了1958年，73岁的王芗斋应北京中医研究院之邀在广安门医院以站桩为主治疗各种慢性疾病，受到了群众的热烈欢迎。但是由于王芗斋坚持把自己的锻炼方法称为"养生桩"而不是"气功"，因此王芗斋与当时气功界的人很少往来。这个时候的王芗斋也基本不再传授意拳的技击功法，一代宗师成为了专职开办各种养生讲座的老中医。

不过，晚年的王芗斋也并非只在教授桩功。1950年，新中国成立后，王芗斋出任中华全国体育总会的副组长。王芗斋勤勤恳恳的，热衷于传播中国的武术事业。体育总会成立没多久，就有社会主义国家的拳击运动员来北京参观访问。在访问的闭幕式上，各国运动员都献上了精彩的表演，同时也打了一场友谊赛。最终，匈牙利选手诺尔瓦茨力力挫群雄，获得冠军。然而，在众人祝贺之时，诺尔瓦茨力竟然口出狂言，说要领教一下中国武术。这时的王芗斋先生尽管已经年近七旬，却愤然登场，不出几招就将这个拳击名将抖放到空中。诺尔瓦茨力摔晕在了地上，让各国运动员无不害怕。

1963 年，王芗斋于天津病逝，享年 78 岁。王芗斋一生学拳，终得大成，成为一代宗师，可谓实至名归。然而王芗斋的低调，却让他多年不为人所知。直到改革开放之后，王芗斋晚年的武术著作才得以出版。虽然时间上有些晚了，却也算了了老人的一桩心愿。

12. 叶问

生活时代：1893—1972

所学拳派：咏春拳

功法绝技：咏春拳

传承弟子：李小龙、黄梁

主要贡献：将咏春拳传播到了国际世界；培养出了一代武术巨星李小龙

历史影响：★★★★★

若问这两年最火的武林人物是谁，恐怕大多数人第一个想到的就是叶问。的确，从甄子丹主演的《一代宗师叶问》到郑中基主演的《叶问前传》再到王家卫的《一代宗师》以及许多电视剧的捧场，叶问就是想不火都不可能

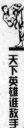

了。与其他的武林人物相比，叶问由于去世的时间还不算长，家人尚在，因此很多编剧也不敢完全杜撰故事，这些影视剧中的部分情节还是靠得住的。尽管情节有所争议，但几乎所有的导演都认定叶问是"一代宗师"。而叶问的徒弟李小龙，更是把咏春拳的影响力遍及五湖四海。时至今日，可以毫不夸张地说，即使在去世40年之后，李小龙恐怕依然是全世界粉丝最多的华语明星，也是咏春拳的最佳代言人。

（一）

叶问出生于1893年，与毛泽东是同龄人。叶问的祖籍是广东南海罗村联星潭头村，他的父亲为了躲避"红头军"之乱，举家搬迁到佛山居住。在此需要解释一下的是，所谓的"红头军"其实就是太平天国的太平军，因为农民军都用红布包头，所以被广东人称为红头军。叶问的父亲为了让儿子能够有个好武艺，一来强身，二来自保，自小便让他跟随陈华顺学习咏春拳。陈华顺也是个了不得的人物，他是当时的咏春第一高手梁赞（佛山赞先生）

的得意弟子，咏春功夫也是深不可测。陈华顺平时以钱银找换为生，所以江湖人称找钱华。

陈华顺要比叶问大 40 多岁，所以当叶问拜入陈华顺门下的时候，陈华顺已经是个知天命的老人了。叶问家境优渥，因此从小乖巧听话，各方面的素质也很好。陈华顺对于叶问十分喜欢，一心一意地教授叶问拳法，再也没有收过其他弟子。叶问的师兄们看到师父如此疼爱叶问，也都对他十分照顾。到了 16 岁的时候，叶问离开了佛山，来到香港的圣士提反书院读书。在课余时间，叶问继续练拳，从未间断。

假如叶问就这么练下去，最终也不过就是一个咏春高手而已，还远远达不到宗师的程度。不过，求学期间的一个机缘巧合彻底改变了这一切。那是在一次课间活动时，叶问发现有外国人在欺侮自己的同学，就忍不住仗义出手，击退了外国人。叶问的这一举动让他霎时成为校园里的英雄，而他的咏春拳法也被传得神乎其神。某一天，有个老人找到叶问要跟他比武。最开始叶问并没有在意，然而在几次进攻之后，叶问明白自己遇到了高手。无论叶问

如何进攻，对方都能够轻松躲开。同时，叶问发现对方所使用的拳法也是咏春拳，但与自己所学又有很大的不同。一番交谈之后，叶问才知道此人竟然是梁赞的儿子梁璧——按辈分来说，他是叶问的师叔。

梁璧教给了叶问不一样的咏春拳，而叶问也将不同流派的咏春拳融会贯通，练出了一身高强的武艺。叶问的家境不错，所以读完书的叶问并没有想到找工作的事情，而是回到了家乡做起了宅男。当然，宅男这个称呼可能并不合适，确切地说，此时的叶问是一个会武术、疼老婆的极品高富帅。具体行为请参看甄子丹版的《一代宗师叶问》。

（二）

叶问是一个很低调的人。如果不是出了李小龙这么一个巨星级的徒弟，恐怕叶问至今也只是被认为一个咏春高手而已。因为低调，所以叶问的很多事迹在各种资料里都是语焉不详。不过，有些叶问行侠仗义的故事还是在佛山民间流传开来，并最终被搬上银幕。

如果你还记得《一代宗师叶问》这部电

影里，叶问徒手夺枪这个情节的话，那么我要
告诉你，这个事情其实是真的。只不过叶问徒
手夺枪的对象不是警察，而是军阀。那是在有
一年的市集上，叶问与表妹一起游玩。当时的
叶问身着长衫，脚穿绒布鞋，是个读书人的打
扮。街上的军阀看叶问的表妹长得漂亮，又看
叶问十分文弱，便上前来调戏叶问的表妹。

可惜没文化就是可怕，且不说叶问的功夫
有多高，单说佛山这地方自古以来就是武术之
乡，说不定街头卖菜割肉的都是个绝顶高手，
这个军阀竟然敢如此随意地调戏，也只能说是
没长记性。当军阀过来的时候，叶问使出了咏
春拳的摊打，一拳就把对方打倒在地。这个军
阀一看叶问不好惹，当即掏出随身佩带的左轮
手枪，想打死叶问。然而，这个军阀显然又忘
了，在面对面的贴身搏斗中，手枪的威力约等
于零。于是，叶问以迅雷不及掩耳的手法握住
了对方的手枪，然后手指用力，竟然将手枪转
轮的转轴压弯了。这份力量让军阀十分害怕，
灰溜溜地走人了。

抗战爆发之后，日军一路南下，攻占了佛
山。日军早就听说叶问的武功高强，想聘请叶

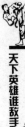

问担任日军的武术指导。叶问一开始直接拒绝，但后来日军指派了一些武术高手来与叶问比武，并且说如果败了则听从叶问差使。叶问无奈之下，只能接受比武。日本人派出的高手都是人高马大的那种，在重量级上高出叶问很多。不过，叶问却并不怕，摆出二字钳羊马对敌。对方抢先攻击，叶问轻松化去对方的劲力，然后出腿攻击对方膝盖，迫使对方失去重心。对方虽然没有倒地，却已然知道自己的功夫与叶问相差甚远。而叶问也明白此时在日本人的地盘上，如果打胜了对自己也没有什么益处。比武结束之后，叶问在友人的掩护下逃到了香港。

抗日战争胜利之后，叶问回到了佛山。这时候的叶问已经是 50 多岁的人了。回到佛山的叶问不再开馆收徒，而是成为了一名光荣的"人民警察"。叶问在佛山历任警察局刑警队队长，升督察长、代理局长，除暴安良，屡得上司赏识。而叶问一身过人的武功也发挥了重要的作用，他曾经亲手侦破佛山沙坊劫案，在升平戏院内逮捕过劫匪。到了 1949 年，他成为了国民政府广州市卫戍区司令部南区巡逻队上校队长，升官速度还是非常快的。

（三）

新中国成立前后，叶问离开了国民政府的警察局，再一次来到了香港。这时候的叶问经由好友李民的推介，认识了港九饭店公会的理事长梁相。梁相也是一个资深的咏春拳爱好者，对于咏春拳的历史非常了解。当他听说叶问是陈华顺的弟子之后，当即拜叶问为师，并请叶问在港九饭店公会公开传授咏春拳。最初前来学拳的人不到十人，而随着叶问名气的日渐升高，前来学习的人也越来越多。叶问不得不不停地更换场地，从九龙利达街、李郑屋村再到九龙兴业大厦，分成早中晚等不同时段去执教，一时间，香港无人不识咏春拳。

也就是在这个时候，李小龙认识了叶问，并拜入叶问门下。至于二人拜师交往的故事，在电视剧、电影以及各种资料中早已经被说烂了，在此就不再复述。晚年的叶问收了梁挺为关门弟子，将毕生所学都教给了梁挺。叶问去世以后，梁挺创办了"国际咏春总会"，将咏春拳继续发扬光大，时至今日，咏春国际总会在65个国家各地区有4 000多个支部，所教授的弟子超过了200万，是世界上最有影响力的中国武术组织。同时由于香港当时是英国的殖民地，叶问、梁挺等人的英文水平也比较好，因此英文版的咏春著作很早就出版了，这也为咏春拳的国际化之路提供了便利的条件。

晚年的叶问功夫日渐精熟，其功力丝毫不逊色于壮年时代。当时的香港社会秩序非常混乱，抢劫之风盛行。在这种情况下，叶问又恢复了大侠本色。他常常在夜间出门，一旦见到有劫匪抢劫，就上前仗义出手。因此尽管香港整体的治安很差，叶问所居住的利达街却成为香港最为安宁的地方。为此，叶问多次受到香港政府的表彰，叶问也被授予"优秀市民"的称号。

除了武术，叶问还是个有着很多爱好，而且很有生活情趣的人。叶问平时喜欢跟弟子们在茶楼喝茶聊天，偶尔也打几圈麻将。仲夏时节，叶问喜欢玩斗蟋蟀——广东的蟋蟀非常善战，常常能打几十个回合，即使受了重伤，亦能坚持下去。叶问还喜欢斗狗，不过叶问自己并不养斗狗，一般都是跟朋友去斗狗场看。虽然这些运动今天看来有些残忍，不过在当年却是高富帅们的最爱。

总而言之，无论以何种角度来看，叶问都称得上是偶像级的武林宗师：人长得帅、疼老婆、功夫好、有正义感、家境优渥、兴趣广泛、待人和善、无门户之见……更重要的是，他几乎是以一己之力将咏春拳传到了世界各地。这也无怪乎咏春拳的门人们总结说咏春拳是"起于严咏春，衍于梁赞，传于叶问，盛于梁挺"。

13. 王子斌（大刀王五）

生活时代：1844—1900

所学拳派：不详

功法绝技：大刀

传承弟子：不详

主要贡献：行侠仗义，曾计划拯救六君子；因行侠仗义，惨死于八国联军枪下

历史影响：★★★★★

中国古代武林中历来不乏高手，而且越是大的门派，高手似乎越多。然而武侠小说告诉

我们，在江湖里，真正的高手和大侠从来都不是批量化生产的。很有可能你平时没看上眼的一个菜鸟，在经过几年磨炼之后，就会成为震动江湖的一代大侠。大刀王五就是这样的一个人，他出身贫寒，拜的师傅也不甚有名，从一个小镖师干起，最终开创了自己的镖局。对于一个普通人来说，这已经算是成功的逆袭，但对大侠王五来说，这些并不是全部……

思想进步的大刀王五

我自横刀向天笑，去留肝胆两昆仑！

兄弟，我会替你报仇的。

传说中重一百多斤的大刀

王五本名王正谊，字子斌，因为在家里排行第五，所以被叫做王五。王五出生于1844年，家乡是武术之乡沧州。王五的父亲于他3岁的时候去世，撇下了孤儿寡母相依为生。王五从小就开始干各类杂活，拜肖和成为师，练了一段时间的武术。

后来王五觉得学得差不多了，想寻找更好的老师。当时沧州最有名的武师是江湖上号称"双刀"的李凤岗，王五屡次找到李凤岗表达自己拜师的意愿，但李凤岗一开始并不愿意收王五为徒。王五下定了决心要学习功夫，在李凤岗的门前长跪不起。李凤岗为其所打动，便破例收他为徒。王五勤学苦练，几年下来，功夫已经不在李凤岗之下。李凤岗为了让王五有更好的发展，就把他推荐给了自己的徒弟，也就是王五的师兄，在京城走镖的刘仕龙。刘仕龙带着王五一起走镖。经过几年的奋斗，王五积累了不少的资金。在朋友的帮助之下，王五在北京的半壁街开设了顺源镖局。顺源镖局的活动范围很大，北至山海关，南到江淮地区，都是顺源镖局的派送范围。王五为人厚道，收费合理，因此顺源镖局的生意十分红火，很短的时间之内就成为江湖传言的十大镖局之一。

然而，王五的心思可不仅仅在镖局上。作为首都公民的一员，王五对于国家大事有着极大的热忱。甲午战争失败之后，御史安维峻向皇帝上书，主张不能议和，要严惩误国者。安

维峻的奏疏呈上之后，遭到朝廷的贬斥，安维峻也被革职戍边。王五出于义愤，依然担负起了护送安维峻的重任，上演了一出真实版的龙门客栈。

当然，与王五交往的人里，知名度最大的，应该还是谭嗣同。谭嗣同来北京之后，在一次机缘巧合中认识了王五。谭嗣同少年时期便喜欢剑术，青年时期曾经壮游西北，与王五一见如故，结为至交。谭嗣同将维新图强的道理讲给王五听，而王五则传授谭嗣同刀剑武艺。两个人的感情也越发深厚。

1898 年，谭嗣同被授予四品军机章京的职务，参与维新变法。在这期间，王五成为了谭嗣同的贴身保镖。百日维新失败之后，谭嗣同为了表示自己变法的决心，放弃了逃生的机会，被清军抓入大牢。王五得知这一消息之后，心急如焚，买通了看守的狱卒，同时广泛地联络各方武林人士，企图劫狱救人，但最终被谭嗣同严词拒绝。最终，谭嗣同等戊戌六君子被斩杀于宣武门外的菜市口。王五对此悲痛欲绝，为了给谭嗣同报仇，王五曾经多次组织针对朝廷官员的暗杀活动。虽然最终都以失败告终，但王五反抗清廷的决心却越来越强烈。

1900 年，义和团起义在山东爆发，并很快到了北京。王五积极参加义和团，与他们并肩作战，攻击教堂。然而，义和团的武器装备太过低劣，最终攻击并不顺利。王五回到了顺源镖局，准备策划下一次行动。10 月 25 日，清军根据密报，围困了顺源镖局。王五率领镖师与清军和八国联军作战。可惜大刀毕竟无法与火枪对抗，王五被射杀于顺源镖局中，时年 56 岁。

王五被杀之后，八国联军将其枭首示众，悬其首于城门。王五的家人想收敛王五的尸首，却一直未能如愿。津门大侠霍元甲与王五多有故交，听说这件事之后，带着徒弟来到了北京，趁夜色将王五的头取下，然后安葬了。王五去世之后，顺源镖局也逐渐破落，最终被人拆掉了。而他那把驰名江湖的大刀，据说一直保存到 1958 年，后来在大炼钢铁的号召下，被扔进了炼钢炉。

王五的经历颇为传奇，因此他的事迹得到了很多武侠小说家的钟爱。民国时期的武侠小说里有很多都写到过大刀王五，例如被认为近

代武侠小说开端的平江不肖生所著的《近代侠义英雄传》就是以霍元甲和王五为主人公的。除此之外，王和曾经写过《大刀王五》，台湾李敖所写的《北京法源寺》对王五也多有提及。

14. 黄飞鸿

生活时代：1847—1924

所学拳派：洪拳、南拳

功法绝技：无影脚、五郎八卦棍、工字伏虎拳、虎鹤双形拳、飞砣、铁线拳

传承弟子：梁宽、林世荣、莫桂兰、邓秀琼、刘家良（再传弟子）

主要贡献：南拳拳法的集大成者；担任黑旗军教官，训练了大批官兵；为日后的影视行业提供了无穷无尽的资源

历史影响：★★★★★

有专门研究系列电影的人统计过，世界电影史上以单一人物为主角的电影数量最多的是黄飞鸿。这个统计结果可能出乎很多人的预料，因为在大多数人的印象里，黄飞鸿系列的

电影只有 90 年代徐克导演、李连杰主演的那四五部，连 007 系列的零头都没有，何来最多呢？其实，这就是知其一不知其二了。在香港电影史上，自从黄飞鸿去世之后，香港电影中以黄飞鸿为主角的电影就从来没有中断过。香港艺人关德兴一个人主演的《黄飞鸿》系列电影就有 87 部，大有赶超韩剧的气势。此外还有以黄飞鸿为配角的《铁马骝》《陆阿采与黄飞鸿》等。总而言之，如果把有黄飞鸿的影视作品搬出来的话，恐怕填满一个小型的电影资料馆是没有问题的。

（一）

看到这儿你也许会说了，黄飞鸿的电影有几百部，那历史上的黄飞鸿就真的有这么多故事吗？

很抱歉，这个真没有。

那么，先从黄飞鸿的家世说起吧。

托电影的福，好多人都知道黄飞鸿开了一家药店，名字叫做宝芝林。这倒是历史事实，但那是黄飞鸿中年以后的事情。黄飞鸿出生的时候，家里是十分贫寒的。他的父亲黄麒英虽

然是"广东十虎"之一，可是除了武术，也别无长技，只能靠在街头巷尾卖艺为生。不过，尽管黄飞鸿的家境贫寒，但他父亲黄麒英的人脉资源还算丰富。由于黄麒英跟广东十虎的关系都非常好，因此，黄飞鸿除了学习到家传的武术之外，基本上把广东十虎的绝技都学到了手——例如铁桥三的铁线拳。除此之外，他还在宋辉镗那里学到了著名的佛山无影脚。到了20多岁的时候，年纪轻轻的黄飞鸿就已经是精通南拳各家拳法的一代武林宗师。

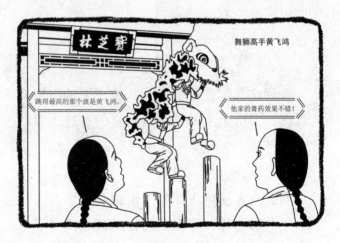

舞狮高手黄飞鸿

跳得最高的那个就是黄飞鸿。

他家的膏药效果不错！

1863年，16岁的黄飞鸿在当地工人的支持下，开办了一个简易的武馆，结束了打把势卖艺的生涯。到了1865年，18岁的黄飞鸿被广州的三栏行（即果栏、菜栏、鱼栏，也就是卖菜的、买水果的和卖鱼的小贩们组成的小组织）聘为武术教练。

不过，当时的黄飞鸿的知名度也就仅限于小商小贩之间，绝对还没有到今天尽人皆知的地步。少年黄飞鸿仗着一身武艺，经常行侠仗义，留下过不少佳话。例如1866年，黄飞鸿在一家当铺住宿时，遇到贼人打劫。黄飞鸿孤身一人击退了数十名劫匪，在当地被传为佳话，黄飞鸿也被邀请到这个地方开馆收徒。1867年，有一个洋人带了一只牛犊大小的狼狗到香港摆擂台向中国武师挑战——注意，这儿是狗向人挑战。黄飞鸿不甘华人受辱，亲自赶赴香港，以"猴形拐脚"击毙了这只狼狗。从此之后，黄飞鸿扬名香江，这也是为什么黄飞鸿的电影在香港如此吃得开的原因。1868年，香港水坑口大笪地小贩彭玉的小摊被当地的一个恶棍掀翻，彭玉也被打伤。黄飞鸿路见不平拔刀相助，却被对方的同伙几十人持兵器围攻。黄飞鸿施展绝技，将他们一一打败。

（二）

除了开馆收徒，黄飞鸿也有其他兼职，比如去赌场之类的地方担任保镖。毕竟一个武师的挣钱道路有限，除了贩卖武艺，也没有更好的办法。此后的黄飞鸿一直都是在不断地跳槽中度过的。动荡的职业生涯，让黄飞鸿想找个稳定的部门去工作。于是，黄飞鸿想到了考公务员。

你没看错，黄飞鸿也是个普通青年，公务员这种职位在任何时代都是很有吸引力的。黄飞鸿经过努力，考取了广州将军衙门"靖汛大旗手"一职。至于这究竟是个什么职位，很遗憾，我也不甚清楚。但无论如何，黄飞鸿终于跨入了公务员行列。同时，黄飞鸿还被聘为广州水师的武术教练。多年以后，广州提督吴全美聘请黄飞鸿担任军中的技击教练。1886年，黄麒英染病去世。过了一个多月，吴全美也病逝了。这两件事情让黄飞鸿无意继续留在军中，于是辞去了教练的职务，开始在广州的仁安街开设了专制跌打损伤的医馆——宝芝林。

如果你足够细心的话，看过这么多影视剧你肯定会有个疑问，那就是一般的商店会取一些类似"兴隆""昌盛"之类的名字作为店铺的名号，而"宝芝林"这个名字听起来十分奇怪，是否是有什么特殊的寓意呢？这个还真是有的。当年黄飞鸿有一个叫伍铨萃的弟子，自幼读书习武，一表人才。他曾经给黄飞鸿写过一首诗，其中有"宝剑腾霄汉，芝花遍上林"两句，于是黄飞鸿便取了其中的"宝""芝""林"三个字作为药店的名字。

中国古代的武术家在练功中免不了磕磕碰碰，因此大都知道一些治疗跌打损伤的秘方。黄飞鸿在学习武艺之余，对医术也很感兴趣。据说黄飞鸿曾经研制过大力丸、通脉丹等跌打良药，还发明过宝芝林伤科跌打酒，效果也还不错。

宝芝林药店开了没几年时间，驻守广州的黑旗军首领刘永福听说黄飞鸿精通武艺和医术，便聘请他担任军队的医生和福字军的技击总教练。刘永福常年征战，身上有很多损伤，多位医生都没有治愈，但黄飞鸿来到之后，用自己研制的药品很快就治好了刘永福身上的伤。后来刘永福赠送了他一块"医艺精通"的牌匾，以示感谢。随后，黄飞鸿随黑旗军部队南上北下，到处作战。黄飞鸿还曾经到过台湾，抵抗日本侵略军。然而1895年甲午战争中国战败，台湾也被迫割让给日本。黄飞鸿也就不想再住在台湾了。

（三）

黄飞鸿回到了广东，继续在宝芝林以行医看病为生，但除此之外，不再传授武艺。不过，由于黄飞鸿的名气很大，前来登门拜师的人依然络绎不绝。为了打消来人的念头，黄飞鸿在宝芝林门前贴了一张纸，上面写道："武艺功夫，难以传授；千金不传，求师莫问"。当然，黄飞鸿并没有完全不传授武艺。他还是希望自己的儿子能够学好武艺，将自己的所学流传出去。然而，多年以后发生的一件事情却彻底改变了这一切。

那是在1919年，黄飞鸿的儿子黄汉森在一个保商卫旅营的地方当护卫。黄飞鸿最为喜欢这个儿子，因此教给他的武术也最多。当时黄汉森的年龄也不大，闲暇时常常会在军营内露两手。一天一个名叫鬼眼梁的人见黄汉森年少，就口出狂言说："我怕黄飞鸿，可我不怕黄飞鸿的儿子"。黄汉森便上来与他比武，不过两招就把鬼眼梁打翻在地。鬼眼梁当即怀恨在心，几天以后，他设宴把黄汉森灌得酩酊大醉，然后用手枪杀死了黄汉森。事情败露之后，鬼眼梁对外宣称说是黄汉森喝高了想杀他，他不得已自卫才误杀了黄汉森。当黄飞鸿知道自己的儿子是因为与人比武才丧生的之后，痛不欲生，发誓再也不教武功给其他孩子。因此黄飞鸿的小儿子黄汉熙虽然深得父亲疼爱，却不会一点武功。经此大变，黄飞鸿也开始郁郁寡欢，数年之后就去世了。

　　黄飞鸿的一生就这么结束了。不过，想必各位读者还会有很多的疑问。比如，在影视剧中黄飞鸿的必杀绝技是佛山无影脚，那么历史上真实的无影脚存在吗？答案是肯定的，但黄飞鸿所使用的无影脚不是我们在电视中看到的那种连环侧踢。根据黄飞鸿的老婆莫桂兰的描述，黄飞鸿的无影脚学自宋辉镗，其基本用法是在出招之前加快双手的动作，令对手眼花缭乱，然后趁敌人不备出腿踢击敌人的下阴。因

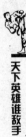

为这个招式使用起来非常隐蔽，不容易被人发觉，所以才被叫做无影脚。

无影脚的威力的确很大，尤其经过黄飞鸿这样的人使出来——基本上只要被踢中，就绝对是断子绝孙。所以黄飞鸿一般也不会用这个招数。事实上，南拳中公认的黄飞鸿练得最好的是虎拳、虎鹤双形拳、工字伏虎拳等。黄飞鸿一生练武，非常喜欢虎势，因此被江湖中人称作"虎痴"。

黄飞鸿的另一项绝技是舞狮。众所周知，南方人玩舞狮玩的是很有水平的，而且很多舞狮动作的难度是很高的，需要有一定武术功底的人才能完成。黄飞鸿的武功高强，也很喜欢舞狮。黄飞鸿经常表演的有传统鼓点表演（七星鼓或三星鼓）、现代醒狮表演（狮上高椿采蛇青、飞鸿八星阵等）、传统地狮表演或群狮表演（龙门表，竹梯青等）、舞龙功夫表演等。但见锣鼓声起，黄飞鸿舞起狮头，在数米高的柱子上高低蹿纵，惊险刺激，引得众人一阵叫好。后来的影视剧里黄飞鸿舞狮的情节便来源于此。

好了，说到这儿，你肯定还有一个最大的

疑问，怎么没有十三姨呢？

抱歉，十三姨真的是一个传说。

黄飞鸿据说是一个非常命硬的人——这并不是好话，因为命硬意味着克妻。黄飞鸿一生中娶过很多老婆，但嫁到黄家之后都没有活过多长时间。黄飞鸿24岁那年娶了个罗姓女子，三个月之后，妻子病逝。49岁，娶马氏为妻，生有二子二女，之后马氏病逝。55岁，娶妻岑氏，生有两个儿子，岑氏不久之后也去世了。1915年，68岁的黄飞鸿娶莫桂兰为妾，度过了人生中的最后十年。

（四）

1924年，广州发生了著名的商团暴乱，黄飞鸿居住的西关一带的房屋被大量损毁，宝芝林也被付之一炬。黄飞鸿几十年来的心血一夜之间付诸东流。恰在此时，黄飞鸿的儿子黄汉林又失业了，黄飞鸿终日抑郁，最终于1925年的农历3月25日在广州城西的方便医院去世，享年78岁。

黄飞鸿一生授徒众多，如果再把黄飞鸿担任军队武术教练时期训练的士兵算上，那就更

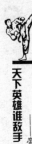

是不可胜数。但在所有徒弟之中，黄飞鸿最喜欢的是梁宽，可惜梁宽去世较早，未能传承黄飞鸿的衣钵。黄飞鸿另外一个最有名的弟子是林世荣——也就是电影里那个在街头卖猪肉的猪肉荣。林世荣基本上陪伴了黄飞鸿的整个晚年，学到了黄飞鸿的大多数绝技。在黄飞鸿去世之后，林世荣也广收门徒，将黄飞鸿的功夫一代代传承下去。在林世荣的弟子里有个人名叫刘湛，刘湛有个儿子叫刘家良。刘家良后来成为了香港武术界的金牌武术指导，也是香港著名电影人。正是因为与黄飞鸿的师承关系，刘家良总是在电影里不遗余力地塑造黄飞鸿，这也才有了我们能够看到的那个武功高强而又充满正气的一代南拳宗师。

15. 杜心五

生活时代：1869—1953

所学拳派：自然门

功法绝技：自然门功法

传承弟子：万籁声

主要贡献：长期担任孙中山、宋教仁等民国政要保镖

历史影响：★★★★★

无论是在古代还是在现代，对于一个练武的人来说，能够成为政要的保镖应该说是人生最高的职业理想。虽然整天跟着领导人东奔西跑十分劳累，也还要承担更大的风险，但它的待遇和知名度却也足以吸引一批批的武师前赴后继。在民国时期，若论政要的保镖，则首推杜心五。他曾长期担任孙中山、宋教仁等民国政要的保镖，并保护他们数次逃离险境，可谓是影响了历史的大侠。他也曾远赴日本留学，担任过大学教师，称得上文武全才。总而言之，在民国时期的江湖人士看来，杜心五是当之无愧的"天下第一保镖"。

（一）

杜心五出生于1869年，是湖南慈利人。他的父亲杜佳珍曾经担任过清军的都司，正四品。1859年，杜佳珍在大沽口抗击英法联军的进攻，力主向敌舰开炮，并率部英勇作战。但整个第二次鸦片战争以失败告终，万园之园的圆明园也付之一炬。杜佳珍愤而告假，回乡隐居。杜心五的名是杜慎媿（媿，通"愧"，意思是羞愧、惭愧之意），意思是要谦虚谨慎、懂得廉耻，心五是他的字，是其母亲取"五心俱媿"之意而给的字。

杜心五自幼十分聪慧，小的时候便开始读书。杜心五明显属于那种精力旺盛的小孩子，在读书之余，他也喜欢跟他的父亲练武。7岁的时候，杜心五的父亲让杜心五跟随一个叫石彪的武师学习暗器"飞蝗石"。杜心五苦练数月，百发百中。第二年，父亲去世，杜心五离开了家，到离家三十里的另外一所私塾读书，同时拜了一个叫严克的师父，学习南派拳术。就这样，在白天学文、晚上习武的生活中，杜心五经过了三年的时光。

13岁时，杜心五的功夫已经小有成就。为了寻找到更好的师父，杜心五费尽了心思。一般来说，要想求得名师，必定要四处游历，多方考察，然后才能找到合适的老师。然而，杜心五的心思显然比一般人要活络，他绞尽脑汁，想出了高薪招聘的法子。他挂出牌子："子不才，诚心求师。惟须比试，能胜余者，千金礼聘，决不食言。——慈利江垭岩板田村杜慎媿"。招聘启事贴出之后，有很多人前来应聘，但这位杜老板却相当不满意。

就在杜老板准备撤回这个招聘启事的时候，贵州一个叫赵玉山的人写信给杜心五推荐了一名武师。赵玉山在信里说："接奉惠书，嘱访良师。兹从嘱，敬聘徐师前来赐教。此人系武林奇士，务请恭谨迎候，万勿失之交臂而遗憾终生也！年愚弟赵玉山叩"。带着这封信来的是一个下巴只够得到八仙桌桌面的矮子，其人瘦小干枯，虽然是成年人，却比杜心五还要矮。杜心五与他比了几次，多方询问，才知道此人竟是自然门的创派祖师徐矮子——当然，那个时候的自然门武术也只有徐矮子一个人练。

徐矮子把自然门的基本功法教给了杜心五。杜心五用心学习，进步神速，一年之后，徐矮子有事返回四川，杜心五也转到了另一所学校学习。杜心五本就天资聪慧，又加上经常锻炼，学习能力那是相当之好。学校的校长见杜心五十分聪明，就建议他去市里考一考，最好能在市里读书。杜心五当即赶赴常德，结果他的成绩在前十名之内。杜心五进入了常德高

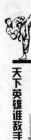

等普通学堂读书，后来被称为"中共五老"之一的林伯渠便是杜心五当年的同学。

到了 16 岁的时候，杜心五去了峨眉山，继续跟徐矮子学习自然门的功夫。两年之后，18 岁的杜心五成为了重庆金龙镖局的一名镖师，行走在四川、贵州、云南、广西一带，护卫商旅的安全。在做镖师的时候，杜心五是一个十分喜欢管闲事的人。在一次护镖中，他安全地将商队护送出去之后，又一人骑马返回，在四川与贵州交界的深山中，亲手除掉了一个开黑店的江湖大盗，解救了几个被劫掠的妇女。

（二）

1889 年，20 岁的杜心五觉得干镖师这行没什么前途，就辞职回家，继续闭门读书。后来，杜心五决定做一名"北漂"。来到北京之后，凭借高深的武功，他成为了一名清宫守卫，待遇还算不错。当时他住在西直门大街酱房大院六号，每天工作之余，便继续读书，广交朋友。

有种说法，决定人跟人之间差距的不是工

作的时间，而是工作之外的时间。这句话用在杜心五身上十分贴切。杜心五在闲暇的交往中认识了革命党人宋教仁，并与其成为了终生的朋友。宋教仁看杜心五如此好学，建议他去日本留学，以图大业。杜心五听从了宋教仁的建议，进入东京帝国大学学习农业。此时"中共五老"中的两位——吴玉章和林伯渠也都在日本留学，经过相互介绍，他们也都认识了。尽管那两位比杜心五大很多岁，但这并不妨碍几人的交往。在日本期间，杜心五还曾打败过日本的柔道高手。

1905 年，杜心五经宋教仁的介绍，加入了同盟会，正式成为了革命党。除了日常的事务外，杜心五还承担着保卫孙中山的职责。在当时，尽管孙中山远在国外，但针对孙中山的刺杀行动依然很多。例如慈禧太后曾派宦官张某携带巨款前赴日本，想让其收买日本杀手杀死孙中山。结果这一行动被杜心五发觉，杜心五潜入张公公的房间，杀死了他。有一次，孙中山、宋教仁等人在东京的一个地方开会，大清使馆准备派出杀手刺杀他们。宋教仁得知消息后，急令杜心五前去保护。杜心五来到开会

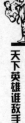

的场所门外，见有三个行踪诡异的中国人在附近停留（按规定，当时的驻日使节也是要留辫子的，所以很好认），立即上前将他们打倒在地，搜出了他们身上的手枪。还有一次，东京的留日学生请孙中山做演讲，旁听的人中有革命派，也有保皇派。当孙中山讲到要革命时，保皇派不高兴了，准备上台来打孙中山。杜心五让孙中山赶快离场，自己则闯进学生中间，将要上来闹事的学生全都打散了。

中华民国成立之后，宋教仁成为了中华民国政府的农林总长。杜心五在日本学习的就是农业，所以宋教仁便让杜心五到民国政府任职。之后，杜心五又调任为农商、农工部部员。刚做了部员没多久，又被调到河南彰德府农商直属第二农事试验场任会办，也就是第二农事试验场的副厂长。既然来到了河南，作为一个习武之人，不去少林寺参观一下是说不过去的。杜心五曾经与少林寺的静空和尚切磋武艺，二人都从对方身上学到了不少东西。

1913 年，宋教仁因反对袁世凯当政，被袁世凯指派的杀手在上海火车站刺杀。杜心五听到这件事情，为自己当时不能随宋教仁南下而深感悲痛。从这件事情上，他也再不愿与袁世凯的军阀政府为伍，于是就辞掉了官职，隐身于江湖之中。由于杜心五在江湖上的名头实在很大，隐退江湖的杜心五成为了青红两帮的双龙头。杜心五利用自己在青红帮的地位，做过不少好事。例如在 1927 年上海工人大罢工时，蒋介石要青帮的头领杜月笙想办法加以制止，但工人们并不买杜月笙的账。直到杜心五出面之后，事情才得到解决。

（三）

这之后的二十多年时间，杜心五基本是在读书、习武、授徒、行走江湖之中度过的。杜心五曾经担任过农事传习所（也就是今天中国农业大学的前身）的气象学教授；收了万籁声为徒，将自然门的功夫传给了他；有时也会回湖南老家走亲访友；在北京住烦了就行走江湖，行侠仗义。当然，杜心五的大部分时间都是在闭门谢客，读书、炼丹、制药，或者与三五好友围炉夜话。其间，也有很多高手上门挑战，但最终都被杜心五妙到毫尖的功夫所折服。抗战前夕，杜心五带着家人搬到了长沙居住。

抗战爆发之后，长沙岌岌可危，杜心五又从长沙搬回了慈利县的老家。在慈利县，杜心五依然隐居。1941年，杜心五受友人之邀来到重庆，以自己青帮成员的身份开展抗日行动，同时也帮助中共的地下党组织进行抗日活动，扶危济困。因此，在新中国成立之后，杜心五也受到了新中国政府的优待。他曾经担任过湖南省军政委会员的顾问和湖南省政协委员等职务。1953年，杜心五在家中打坐时去世。去世时神态安详，毫无痛苦。杜心五的好友兼同学，时任中央委员的林伯渠、徐特立等人都发来唁电，沉痛悼念。美术巨匠徐悲鸿在他的唁电中说杜心五"卓艺绝伦，令德昭著"，对于杜心五给予了很高的赞誉。

杜心五能得到徐悲鸿的赞誉，除了与徐悲鸿交好之外，还因为杜心五本人也有着很高的艺术修养。杜心五喜欢京剧，当年在北京的时候，同京剧名家梅兰芳、程砚秋、马连良等人往从甚密。程砚秋曾经拜杜心五为师学习武术，并书有"纵谈及上下古今，每提命移时，辄忘雪立；所学穷三教九流，惜闻道太晚，徒仰山高"的对联赠与杜心五。除了京剧，杜心五于书画之道也颇有见地。他的书法苍劲刚猛，自成一格，曾经写过"动静无始，变化无端，虚虚实实，自然而然"的话赠与万籁声。1937年，慈利籍的学者吴恭亨逝世，杜心五题挽联曰"埋我买山小结束，痛人弃地大糊涂"，隐沉痛于诙谐之间，多有老庄之洒脱。

自然门的另外一绝是医术，杜心五在这方面的造诣颇深，一生治病救人无数。更为难得的是，杜心五给人看病完全出于一片热忱，从不收钱。有钱人来找他看病，他则婉言谢绝，直接让他们去医院。杜心五最擅长治疗跌打损伤，自制过许多特效的药膏药丸。1946年，慈利县柳林铺街上李玉恒的儿子李同和在树上砍柴时不小心跌落树下，不省人事。李玉恒家里很穷，根本无钱去医院。杜心五知道此事后，给了他各种药丸，让他安心服用，还买了一些吃喝用的东西给李玉恒送去。当上湖南省政协委员的那一年，杜心五已经80多岁了，但在工作之余，他仍然为家乡父老义诊，颇受百姓爱戴。

杜心五的一生颇为传奇，从慈利县的一介书生到纵横江湖的一代大侠，从一介武师到政要保镖，从政要保镖再到大学教授，从大学教授混到了青帮大哥……在中国的大侠里，似乎没有谁能比他的经历更多。用一句通俗的话就是：在留学生里，杜心五的功夫是最高的；在大侠里，杜心五的经历是最为传奇的；在保镖里，杜心五大概是文化水平最高的。总而言之，大侠杜心五玩的就是个综合实力。

16. 尚云祥

生活时代：1864—1937

所学拳派：形意拳

功法绝技：半步崩拳、丹田气打

传承弟子：不详

主要贡献：将形意拳在东北地区广泛传播

历史影响：★★★

一般人对武术大师的印象都是"身高丈二，力大无穷"，不过看过之前的一些介绍，想必各位读者都会知道武林大侠们并不都是高大威猛的型男，还有很多是平平无奇的普通青年。中国武术历来讲究以弱胜强，因此中国的武林大侠中，有很多人都是瘦弱矮小的——形意拳大师尚云祥便是其中的一位。据尚云祥的弟子回忆，尚云祥身高不足一米六，而且还比较胖，乍看起来的确没有大侠的气场，但他的半步崩拳、丹田气打等功夫却威震武林，正应了人不可貌相这句俗语。

（一）

尚云祥是山东乐陵尚家村人，生于 1864 年。他在很小的时候就跟随父亲到北京经商。尚云祥小时候个子不高，但十分争强好胜，所以从小就喜欢练武。尚云祥的启蒙老师是一个名叫冯大义的少林武师。尚云祥学了六年的少林拳，功夫已然比较出色，四处与人较技，罕逢敌手。尚云祥一时间很洋洋自得。

有一次，尚云祥在京城的护城河边上游玩，看到一个中年人在河边练拳。尚云祥一直练的是少林拳，势大力沉，刚猛雄浑，但他看到眼前这个人练的拳法与少林拳的差别很大，便上前问："你练的拳法能打人吗？"尚云祥并不知道这个人其实是形意拳名家李志和，然

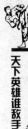

而李志和却无意与尚云祥争短长，于是便说："不知道"。尚云祥坚持要比武，二人便动起手来。结果尚云祥刚一搭手，就被对方摔出很远。试了几次都是如此。尚云祥感觉特别奇怪，就问对方学的是什么拳法。李志和说："形意拳，练了不到三年"。尚云祥认为这个拳法的威力比少林拳要大，于是有了转学形意拳的念头。

尚云祥为了找到名师，开始四方游历。后来他听说李存义的功夫很高，就找到了李存义。李存义是郭云深的高徒，还曾经跟随董海川学习过八卦掌，与晚清武林的大哥级人物——大刀王五、程廷华等人交往都非常密切。李存义的拳法和刀术非常高超，江湖人称"单刀铁掌"。尚云祥向李存义表达了想学拳的愿望，但李存义看他个子矮小，不愿收他为徒。幸而有人反复说情，李存义才勉强同意。

经过这一番磨难，尚云祥更加珍惜这个来之不易的机会。尚云祥平日勤学苦练，功夫很快就在同门的师兄弟中出类拔萃。李存义非常喜欢他，将自己的武功倾囊相授。尚云祥于是就更加努力的学习。由于尚云祥把主要精力都放在了练武上，他家的生意日渐败落，尚云祥的生活变得拮据起来，到后来甚至连一双鞋都买不起了。尚云祥干脆就不穿鞋了，赤脚练功，久而久之双脚坚硬如铁，后来江湖上的人送他外号"铁脚佛"。

李存义与董海川的另一位高徒程廷华是同门同乡，因此尚云祥也曾跟随程廷华学习八卦掌。尚云祥的身材较矮，因此他所练习的八卦掌与常规的八卦掌有所不同，但其功力却毫不逊色。清末民初的另一位武术大师孙禄堂曾经在《八卦掌学》中说："吾友尚云祥劲力之刚猛无人能击其右"。当时的许多形意拳名家都兼练八卦掌，因此尚云祥尽得八卦掌与形意拳的精髓。

（二）

尚云祥在北京鼓楼专心练功十年，曾经在多家镖局担任过镖师，后来成为了清末的大太监——慈禧太后身边的红人李莲英的护院总管。在做护院总管期间，他一边教李莲英武功，一边自己继续练功。1900年后，庚子之乱爆发，北京城被攻陷，很多武术名家也都逃

离了北京城。尚云祥的师父李存义趁此机会来到山西，跟随山西的形意拳名家学习、交流、切磋，之后将自己的心得交给了尚云祥。尚云祥自己也亲赴山西，将山西形意拳的精华尽收囊中。此时的尚云祥已经是名满天下，以至于郭云深都有所耳闻。郭云深对他十分喜欢，将"大杆子""半步崩拳""丹田气打"三项绝技都教给了尚云祥。从此，尚云祥的功夫更上层楼，尚云祥也成为华北地区首屈一指的武术大师。

尚云祥也曾到部队做过教练。1931 年，受 29 军军长宋哲元的邀请，67 岁的尚云祥将形意五行刀传授给了 29 军的士兵。正是靠着这一刀法，29 军在喜峰口一战中大胜日本军队。

尚云祥还特别注意因材施教。有关这一点，也有个有趣的故事。据说当年有个东北军的军官来找尚云祥讨教刀法。尚云祥看他五大三粗，身体不够灵活，不是练刀的好材料，但此人长期在战场上摸爬滚打，有着很多的实战经验。于是尚云祥让他练了一遍自己的刀法，然后说："我教你个法子，以后你只要这样弄，就能保证不败"。然后给他指点了一二，此人回到了战场，果然常胜不败。后来有徒弟也想学这一招，尚云祥却说："我教他这一招是因为他是在战场上练出来的，有很强的实战经验和紧急时刻的反应能力，所以这招他去练非常合适。如果你们去练的话，非但不会杀敌，反而会弄巧成拙，被别人打败。"众人这才恍然大悟。

或许是因为从小受到了很多歧视，尚云祥锻炼出了一个很好的心态，而在收了徒弟之后，尚云祥的授课也很有意思。李仲轩老人在《逝去的武林》一书中曾经提到过他小时候跟随尚云祥学习形意拳的浑元桩。李仲轩练了很长时间，却不得要领，总是发不出尚云祥要求的劲力。这时候尚云祥说了一句非常奇怪的话："你抱过女人没有？"李仲轩一时大囧，然而过了一会儿，却隐隐若有所悟，浑身顿时放松。尚云祥哈哈大笑，说："这就对了"。从这一点来看，幽默似乎也是成为大侠必备的一个潜质。

17. 孙禄堂

生活时代：1860—1933

所学拳派：形意拳、太极拳、八卦掌

功法绝技：孙氏太极拳

传承弟子：孙剑云、裘德元、张玉峰、张玉山、崔老玉、李老丹

主要贡献：创立了孙氏太极拳

历史影响：★★★★★

顶级内家高手孙禄堂

内家拳练到极致，体内都会有一股"气"，能提前感知危险。

一到这儿就感觉有杀气！

奇怪，他怎么知道我们有埋伏？

晚清时期，内家拳的繁荣昌盛是有目共睹的，形意、太极、八卦各擅胜场，名噪一时。三派之间的交流很多，许多弟子都兼学两派或者三派的拳法，也出现过不少的武术大师。然而，这功夫一多，学来学去就容易学杂了，真正能够融会贯通的并不多。但在晚清武林中，却有这么一个人，先后学习了这三种拳法，并将三种拳法融会贯通，是三大门派公认的一代宗师。这个人就是人称"虎头少保"的孙禄堂。

（一）

孙禄堂也是河北人，出生于 1860 年。他的父亲在他 9 岁的那一年去世，自此之后家境衰落，一贫如洗。孙禄堂与母亲相依为命。孙禄堂从小喜欢武术，曾经拜一位江湖拳师学习少林功夫。13 岁时，孙禄堂有幸拜入形意拳名师李魁元门下，学习形意拳。不过一两年时间，孙禄堂已经学得非常不错。李魁元便把孙禄堂推荐给了自己的师父——也就是那位半步崩拳打天下的郭云深。

有郭云深这位名师执教，孙禄堂的形意拳进步很快。将郭云深的技艺学到手之后，孙禄堂并不满足，又盯上了八卦掌。之前已经说过，当时形意拳门下的人练习八卦掌是很常见的事情，再加上孙禄堂又是郭云深的徒弟，很快，孙禄堂就拜入了八卦掌名家程廷华门下。

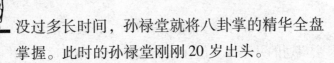

没过多长时间，孙禄堂就将八卦掌的精华全盘掌握。此时的孙禄堂刚刚 20 岁出头。

小青年孙禄堂把形意拳和八卦掌都学完之后，发现周围已经很少有人能够再教自己武功了。其实这也不能怪孙禄堂骄傲自满，毕竟当年江湖上最有影响力的门派就是形意拳和八卦掌，而郭云深和程廷华又是两个门派里的大哥级人物，整个江湖上很少有人能跟他们叫板。这种情况就好比你在北大读了研究生之后去清华读了博士，再想找比自己牛的人的确也比较难了。于是孙禄堂干脆选择了云游四方。从 1885 年起，孙禄堂开始了中国漫游之旅。在三年的时间里，他走遍了当时中国十三省中的十一个省。只要听到某地有奇人，或者某人有奇艺，孙禄堂就前去拜访。路途中遇到不平之事，也时常仗剑出手，备受江湖上的人称赞。

1888 年，孙禄堂云游完毕，回到了家乡保定。此时孙禄堂虽然只是一个 28 岁的年轻人，但他的名气却已经十分响亮。当地人听说孙禄堂回来了，纷纷前来拜师。同行是冤家，当地的很多拳师看到孙禄堂如此受欢迎，就想办法暗算孙禄堂。他们听说孙禄堂经常去某家茶店饮茶，于是集结了二十多个人埋伏在茶店内外，准备教训一下孙禄堂。不一会儿，孙禄堂从家里走了过来。就在孙禄堂准备揭开门帘进屋的瞬间，武师们突然冲出。孙禄堂颇为意外，但仍然在电光火石之间将最先跑到身前的几个人打昏在地。其他人以为遇到了神仙，纷纷逃窜。

孙禄堂当然不是神仙。据李仲轩在《逝去的武林》一书中的回忆，很多内家拳高手练到极致时身体上都会有一股"气"。这种气可以让他们感受到敌人的攻击，从而提前做出反应。而孙禄堂显然早已经达到了这个境界。这件事情之后，孙禄堂也成了偶像级的人物，每日前来拜师和观看练拳的人络绎不绝。

（二）

在这段时间里，孙禄堂创办了蒲阳拳社，教拳授徒，同时进行武术研究。1900 年前后，清政府在北京郊外举行了规模盛大的"天下英雄会"，邀请南北各省的武林人士前来比武。孙禄堂也在被邀请之列。经过一番比试，孙禄堂技压群雄，被人称为"虎头少保，天下第一手"。此外，由于孙禄堂步法灵活，身

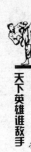

手矫健，如灵猴一般，因此江湖上也称其为"活猴孙禄堂"。

孙禄堂是个武痴，但凡有什么他没学过的武功和招式，他都会一一尝试一下。这一点，直到他晚年时期也是如此。1912 年，52 岁的孙禄堂经过友人的介绍，认识了太极拳大师郝为真。二人一见如故，孙禄堂见郝为真太极拳十分高明，就想跟随郝为真学习太极拳。郝为真将太极拳的精要告诉了他，然后两个人就开始切磋。然而刚开始搭手，郝为真就顿觉不支，自叹弗如。郝为说："真是太奇怪了。你听我一席话所悟到的东西比专门练习太极拳数十年的人还要多"。事实上，这也并没有什么奇怪的，毕竟孙禄堂已经精通形意拳和八卦掌，二者与太极拳同属于内家拳，拳招虽然迥异，拳理上却是相通的。后来郝为真在京城生活困顿，孙禄堂便无私救助。郝为真感念这份恩德，将自己的太极拳倾囊相授。孙禄堂学到了太极拳后，以弟子礼对待郝为真，传为佳话。

孙禄堂在此基础上，将太极拳、形意拳和八卦掌三门武术融会贯通，创立了独树一帜的孙氏太极拳。孙氏太极拳虽然名为太极拳，但实际上却是三种武术的混合体。它的劲力来自形意拳，所以较为刚猛；步法来自八卦掌，因而十分灵活；身法学自太极拳，是以极其松柔。用其他人总结的话来说，孙氏太极拳的特征就是"太极腰、八卦步、形意劲"。

（三）

晚年的孙禄堂依然功夫卓绝。1930 年，有六位日本格斗高手来中国挑战。古稀高龄的孙禄堂以一敌五，自己平躺在地下，让五位日本高手可以以任何一种姿势压在自己身上，然后让另一个日本人在旁边喊数。孙禄堂说自己在喊到三之前定能起身。当日本人喊到二时，孙禄堂突然发力跃起，压在他身上的五个日本人都被震开，在场之人无不佩服。不过，孙禄堂毕竟年事已高，他担心自己的一身绝学无人继承，就在报纸上登了招收徒弟的启事。孙禄堂要求他的弟子必须满足三个条件：第一，本人酷爱武术，三年之内不准备从事其他事业。第二，大学文化程度。第三，面试合格。启事贴出之后，仅仅一周时间内，报名的人数就达到 2000 多人。孙禄堂从中挑选出三人，决定将自己形意拳、八卦掌、太极拳三门武艺分别传授给他们。可惜刚刚收完徒弟，"九一八"事变就爆发了，孙禄堂只能回到北京。

孙禄堂的去世也是值得一提的。1933 年，73 岁的孙禄堂预感到自己时日无多，跟家人说自己将会在某月某日去世。孙禄堂的夫人大惊，命女儿带孙禄堂去检查。孙禄堂笑着说："我身体没病，用不着去医院。到时候自有神仙接引我，吾欲一游耳"。孙禄堂的夫人当然不相信这些话，还是要孙禄堂去检查。最后医院的医生说孙禄堂的身体状况很好，没有任何病症。而后孙家人又请了中医，中医也说孙禄堂身体极好，不会有事。这一年的秋天，孙禄堂回到老家，用辟谷之法修炼，两月不食（需要说明的是，辟谷的人可以吃一些水果，喝淡酒和干净的泉水，并非大多数人所认为的什么都不吃）。1933 年 12 月 16 日，孙禄堂对家人说："仙佛要来接我了"，然后让家人去院子里烧纸。凌晨六点，孙禄堂坐在房间里，说了一句"吾视生死如游戏耳"，溘然而逝。

大侠编年史

汉武帝时：大侠郭解被杀

536 年：少林祖师达摩去世（生年不详）

唐初：少林寺僧人将王仁则献给李世民，得到
奖赏，从此少林寺习武之风盛行

1142 年：岳飞被杀，其武术被回乡部将传播，
成为众多武术流派的滥觞

1247 年：张三丰出生

14 世纪初：张三丰创立武当武术

明初：张松溪师从张三丰学习武当武术
　　　朱元璋为了充实中原人口，从山西迁出
　　　大量农民，山西传统武术随之传播

15 世纪：武当武术广为传播

1458 年：张三丰去世

16 世纪：太极拳名家王宗岳写出了《太极拳论》
　　　戚继光编写了《拳经》
　　　抗倭名将俞大猷前赴少林派与寺僧

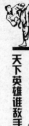

比试棍术，大胜。寺僧遂从其学习棍术，加入到少林武术之中

1600 年：陈式太极拳创始人陈王廷出生

1650 年：陈王廷创立太极拳

清朝初年：山西人姬际可创立了形意拳，尊岳飞为祖师

洪拳祖师洪熙官诞生

1680 年：陈王廷去世

18 世纪：乾隆年间，八极拳宗师吴钟诞生并集八极拳之大成

乾隆年间，山西人张黑五在前门外创立兴隆镖局

1797 年：八卦掌祖师董海川诞生

1799 年：太极拳宗师杨露禅诞生

19 世纪初：杨露禅前赴陈家沟学习太极拳，前后十八年，尽得真传

1820 年：形意拳大师郭云深出生

1823 年：董海川漫游全国

1836 年，董海川回到家乡，开始教授八卦掌

19 世纪中期，董海川与杨露禅比武，二人结为挚友

1844 年：大刀王五出生

1847 年：南拳宗师黄飞鸿诞生

1860 年：孙禄堂诞生

1862 年：神枪李书文出生

1863 年：黄飞鸿开设武馆

1864 年：形意拳大师尚云祥出生

1865 年：黄飞鸿成为三栏行武术教练

1867 年：黄飞鸿赴香港，用"猴行拐脚"击毙洋人的恶狗

1868 年：津门大侠霍元甲出生

1869 年：杜心五诞生

1872 年：杨露禅去世

1873 年：孙禄堂师从李魁元学习形意拳

1882 年：董海川去世

1885 年：大成拳创始人王芗斋出生
　　　　孙禄堂开始漫游中国，寻师访友，学习各种武术技艺

1886 年：黄飞鸿创办了宝芝林

1889 年：杜心五来到北京，成为清宫侍卫

1890 年：霍元甲离家进城打工，认识了农劲荪

1905 年：杜心五经宋教仁介绍，加入同盟会，成为孙中山的保镖

1893 年：叶问出生

1895 年：李书文到袁世凯军队中担任教练，
不久离职

1898 年：维新变法失败，大刀王五欲联合江
湖同道劫狱营救六君子，最终计划
失败

1900 年：大刀王五被杀

1901 年：霍元甲挑战俄国大力士斯凡洛夫，
斯凡洛夫被吓走

形意拳大师郭云深去世

1909 年：霍元甲挑战英国大力士奥比音，奥
比音被吓走

叶问来到香港圣士提反书院学习，
并有机会师从梁赞之子梁璧学习梁
氏咏春拳

1910 年：精武体育会成立，霍元甲任会长

霍元甲接受日本柔道高手挑战并大
败之

霍元甲去世

李书文在北京击败俄国拳击手马托
洛夫

1912 年：孙禄堂遇到太极拳大师郝为真，得

其太极拳真传

1913 年：因宋教仁被杀，杜心五决定隐退江湖，成为青帮和红帮的龙头大哥

1919 年：黄飞鸿爱子因与人较技被害，黄飞鸿不再传授给子女武术

1928 年：中央国术馆在南京成立

1929 年：王芗斋写出《意拳正轨》，意拳创立

1930 年：山东国术馆在济南建立

孙禄堂击败日本柔道高手，并在报纸上公开招聘弟子

1931 年：尚云祥将形意刀传授给 29 军将士

1933 年：孙禄堂去世

1937 年：尚云祥去世

1950 年：王芗斋出任中华全国体育总会的副会长

1963 年：王芗斋去世

1925 年：黄飞鸿去世

1950 年：叶问在香港九龙饭店传授咏春拳

1954 年：李小龙拜叶问为师，学习咏春拳

1972 年：叶问去世